LE PLAN DE DIEU
POUR PROTÉGER SON PEUPLE

ISBN 2-84700-087-9

Cet ouvrage est la traduction française du livre : *God's Plan To Protect His People In The Coming Depression*
Traduit de l'anglais par Joëlle Martoïa-Péron

Copyright © 1998 par Wilkerson Trust Publications
First Published by Wilkerson Trust Publications
Post Office Box 260
Lindale, Texas 75771, USA

Copyright © de l'édition française en 2006 par les *Éditions VIDA,* Nîmes (France)
www.vida-editions.com

LE PLAN DE DIEU

POUR PROTÉGER SON PEUPLE

DE LA DÉPRESSION
À VENIR

DAVID WILKERSON

Éditions Vida

INTRODUCTION

De sinistres nuages, précurseurs d'orage, s'amoncellent au-dessus de notre nation et se déploient de plus en plus haut. Une couverture de *Newsweek* étale, en manchette : « Krach mondial ». Le *New York Times* titre : « La morosité de Wall Street sape la confiance. Les marchés s'effondrent ». La voix de ceux qui ont raison gardée s'élève de toutes parts, essayant de nous aviser du prochain holocauste financier. Pourtant, ces informations sont totalement ignorées de ceux qui devraient être les premiers alarmés. En conséquence, nous sommes témoins d'une tragique répétition des erreurs et de l'apathie générale qui précédèrent la Grande Dépression des années 30. Il y a presque soixante-dix ans, le président Calvin Coolidge fit la sourde oreille aux nombreux pronostics de krach financier imminent. Puis plus tard, au milieu de la dépression, le président Herbert Hoover méprisa les avertissements du parti d'opposition, annonçant que l'Amérique s'enfonçait dans une crise plus intense que jamais. Le président Hoover répondit : « On en voit la fin. Les principes fondamentaux de notre nation sont parfaitement sains. Il n'y a pas lieu de s'inquiéter ».

Maintenant, des décennies plus tard, une redoutable dépression se dessine de nouveau à l'horizon. Cependant, une fois de plus, la voix de la raison passe inaperçue. L'économiste Joseph Schumpeter a qualifié les aberrations financières et la mentalité d'autruche de Wall Street de « destruction créatrice ». Tandis qu'on attire notre attention sur divers scandales à Washington, le monde autour de nous bascule de plus en plus profondément dans la crise. La Russie est affamée. L'Asie a sombré dans un abîme de désespoir. La Corée du Sud est au bord du chaos. La Chine est acculée à la ruine, avec déjà des millions de personnes sans emploi, sans abri et qui vivent d'expédients. À son tour, l'Amérique du Sud commence à se désagréger. Et, parce que les nations culbutent comme des dominos, le Fonds Monétaire International tremble de peur, presque à bout de ressources. Je vous le dis, il est impossible de freiner cette évolution. Il n'existe pas de formule magique susceptible de nous sauver. Dieu est sur le point de châtier les nations du monde, au moyen d'un holocauste économique – et il a déjà tiré son épée du fourreau !

Je suis inquiet de ce que tant de pasteurs restent aveugles à ce qui se produit. Récemment, j'ai pris la parole au cours d'une de leurs conférences, leur notifiant les prémisses d'une dépression désastreuse, ici, aux États-Unis. (En fait, j'ai apporté ce message un an avant le début de la crise asiatique, quand le marché des actions des États-Unis avoisinait 9 400). Mon exposé pessimiste achevé, on surprit un intervenant en train de dire : « J'espère que les pasteurs qui l'ont entendu, ce soir, auront assez de bon sens pour ne pas prêcher une telle sottise du haut de leurs chaires ». Un peuple, prospère et satisfait, ne veut simplement pas entendre parler de ce qui pourrait menacer son bien-être.

Les dirigeants de notre nation sont également aveugles et insensés. La dépression a déjà commencé en Amérique, pourtant nos politiciens s'obstinent à « jouer du violon », comme Néron pendant que Rome brûlait. Ils devraient être alarmés. Ils devraient anticiper, lorsque des temps épouvantables se profilent sur notre pays. La confiance des gens, dans notre économie, est incroyablement fluctuante. Et, bientôt, des millions d'Américains vont soudainement cesser de dépenser, exactement comme les Japonais l'ont fait. Au Japon, sous l'effet de l'anxiété, les consommateurs ont tout simplement arrêté d'acheter. Il est temps que nous regardions la vérité en face : l'Amérique est sur la pente glissante d'une crise économique et financière caractérisée, qui peut s'achever de manière bien pire encore que la Grande Dépression des années 30. Et cette dépression ne peut pas être stoppée ! Un marché provisoirement à la hausse ne sert qu'à retarder le krach, un certain temps, mais en augmente la certitude.

Rassurez-vous, tout de même : ce livre n'est pas un condensé de mauvaises nouvelles relatives à notre nation. Il s'agit plutôt d'un recueil de bonnes et apaisantes nouvelles issues de l'alliance de Dieu, qui a promis de préserver et de protéger son peuple au milieu de chaque tempête.

En 1998, j'ai publié : « *America's Last Call – On the Brink of an Economic Holocaust* » (« Dernier appel pour l'Amérique - Au bord du pécipice d'un holocauste économique »). Aussitôt après, nos bureaux ont été inondés d'appels, implorant des conseils financiers et des paroles d'encouragement. La demande provenait de chrétiens, convaincus de la véracité de mes avertissements, mais pourtant accablés d'inquiétude. Leur question la plus fréquente était : « Comment pouvons-nous nous préparer ? Nous reconnaissons qu'un orage se lève à l'horizon. Mais n'y a-t-il pas un mot de réconfort pour nous, pas d'aide du tout de la part du Seigneur ? ».

J'ai cherché Dieu diligemment, lui réclamant un mot d'espoir, son appui et sa direction. J'ai raisonné avec lui : « Seigneur, puisque tu as placé sur mon cœur ces présages impressionnants, alors tu dois aussi me communiquer une perspective ». Je crois qu'il l'a fait. Si vous comptez puiser des instructions monétaires dans cet ouvrage, vous serez déçus. Je ne suis ni un économiste ni un conseiller financier. Mais si vous êtes amoureux de Jésus et respectueux des saintes Écritures, je pense que vous découvrirez dans ces pages le plan que Dieu a établi, dans le but de garder les siens tout au long de la prochaine dépression. Que la foi s'épanouisse dans votre cœur, et qu'elle chasse toute crainte, tandis que vous lisez ce message d'espérance !

Merci de commencer par le chapitre premier et de tous les parcourir dans l'ordre chronologique car, si vous vous contentiez de morceaux choisis, vous passeriez à côté de l'essentiel. Conservez aussi ce livre sous la main, en prévision des jours qui viennent. Dans un proche avenir, vont surgir de nouvelles informations, relatant des événements terrifiants. Et vous allez entendre d'autres voix prophétiques. Quand vous verrez ces derniers jugements sur le point d'arriver, rendez-vous directement à la Parole de Dieu. Puis saisissez-vous de ce livre, et soyez fortifiés dans le Seigneur. Si ce n'est aujourd'hui, ce sera très bientôt : vous aurez besoin du soutien spirituel que vous offre cet exposé plein d'espoir. Si vous êtes de vrais croyants, alors vous êtes la prunelle des yeux de Dieu (NDLT : voir Zacharie 2 : 12), son épouse bien-aimée.

Et il vous a fait une promesse sans faille : celle de vous garder jusqu'à la fin !

CHAPITRE UN

LES LEÇONS QUE NOUS N'AVONS PAS RETENUES DE LA GRANDE DÉPRESSION DE 1929

> *L'industrie des États-Unis est absolument saine, et notre situation de crédit n'est nullement critique... L'attention que le public porte aux prêts des courtiers est toujours exagérée... D'une manière générale, les marchés sont maintenant consolidés. Les six dernières semaines ont rapporté d'immenses bénéfices grâce à la baisse des prix... Je n'ai reçu aucune information négative concernant le marché des actions ou la structure fondamentale des affaires et du crédit.*

> - Charles Mitchell,
> Président de la Banque Nationale de la ville de New York, deux jours avant la débâcle du marché financier, le 22 octobre 1929.

C'était le temps des 'Années Folles' et les Américains savouraient la plus grande prospérité, dans l'histoire de la nation. Très peu remarquaient les nuages qui s'accumulaient au dessus de leur tête. Les pensées et l'énergie du plus grand nombre se concentraient sur les moyens de gagner de l'argent. Cette période fut également connue sous le nom : « décennie de la décadence » – et, pendant ce temps, Dieu donnait au monde une leçon ; il exprimait sa colère à l'égard des nations qui péchaient contre sa miséricorde. Il envoya un avertissement à l'Amérique, sous la forme d'une sévère dépression. Et ce jugement terrible mit immédiatement un terme brutal aux Années Folles. En l'espace de dix ans seulement – de 1919 à 1929 – l'Amérique était passée d'une société principalement composée de citoyens religieux et bien élevés à une autre saturée d'ivresse, de licence et d'obsession sexuelle. Deux facteurs essentiels contribuèrent à cette métamorphose : l'invention de la radio et celle de l'automobile entièrement couverte. Jusqu'ici, la plupart des voitures n'étaient pas closes. Mais l'arrivée de la berline, fermée par une carrosserie sous un capot, déclencha une véritable révolution sexuelle. Les couples non mariés usèrent de leur toute récente intimité en faveur du sexe. Ce bouleversement moral incita les journaux de l'époque à surnommer les nouveaux modèles : « bordels sur roues ».

En 1920, le « Mouvement du suffrage des femmes » donna le droit de vote aux Américaines, un événement reconnu pour avoir affranchi la femme moderne. Cependant cet acte, qui fit date, entraîna également d'autres manifestations de la « libération » féminine. Jusqu'à cette époque, on considérait que les femmes étaient garantes de la moralité en Amérique. Mais, au fur et à mesure qu'elles gagnaient en liberté, l'ourlet de leurs jupes se relevait davantage. Jusqu'en 1919, les tenues étaient tellement longues qu'elles effleuraient pratiquement la terre. Mais, lorsque l'immoralité des années 20 prit racine, les usages vestimentaires changèrent du tout au tout. La nouvelle décennie devint l'ère des jeunes filles délurées, qui portaient sans vergogne des toilettes moulantes ou près du corps, dans une volonté affirmée de secouer le vieux code de morale Victorienne.

Ces modifications sans précédent de style et de ligne, dans la couture, survinrent si arbitrairement qu'un chroniqueur de mode du *New York Times* s'en émut : « La femme américaine a relevé ses jupes au delà de toutes les limites de la décence ». Un autre prédit : « Si le bord des robes se situe à 22 ou 23 cm du sol, maintenant, le jour pourrait venir où – notre nation totalement dépravée – il montera jusqu'aux rotules ». Ce n'était pas de la grandiloquence, imputable à des pasteurs conservateurs, mais une réflexion de la presse mondaine ! Que penseraient-ils des minijupes d'aujourd'hui, des décolletés provocants et des maillots de bains proches de la nudité ?

Rétrospectivement, on a tendance à rire de la morale désuète des années 20. Les prédicateurs de l'époque dénonçaient les femmes fardées, les appelant « dames peintes ». Ils s'emportaient même contre celles qui se coupaient les cheveux très court ou montaient à bicyclette le dimanche. Mais, dans l'absolu, l'accélération de la dissolution des mœurs dans les années 20 n'avait vraiment rien d'amusant.

Brusquement, la rectitude rigoriste du passé était ridiculisée et le résultat désastreux.

Le tabagisme se répandit tous azimuts. Les soi-disant « gentilles petites filles » allumèrent des cigarettes en public, tout comme les hommes. Et, tandis que leurs homologues masculins arboraient des flasques remplies de whisky sur la hanche, les femmes commencèrent à chiquer du tabac et utiliser les crachoirs.

Bientôt, l'obsession de la sexualité se propagea comme une traînée de poudre, et ce sujet alimenta les conversations quotidiennes. La philosophie freudienne, centrée sur le sexe, balaya le pays et les convictions religieuses sur la question furent tournées en dérision. Les danses populaires se firent sensuelles et suggestives ; l'érotisme, au cinéma comme dans les magazines, devint laxiste selon les normes de l'époque (le nu peuplait même les films et les publications, avant l'instauration de la censure). C'est alors que les prêcheurs libéraux, qui se flattaient de vivre avec leur temps, renoncèrent à prévenir cette décadence morale. Ils s'efforcèrent de rassurer un public consterné, garantissant que l'escalade des expériences sexuelles n'atteindrait pas les sommets de l'immoralité. Ils braquèrent même les projecteurs sur des jeunes, fumant, buvant du gin, dansant lascivement, ayant des relations sexuelles sur les sièges arrière des voitures. Mais la situation s'aggravait rapidement. De là à 1923, les jeunes femmes comme les Messieurs se pressèrent dans les bars à l'heure du cocktail, s'enivrant – les pieds sur le comptoir – jusqu'à ce qu'on soit obligé de les porter dans leurs véhicules. Avec l'abus des boissons fortes, survinrent aussi les écarts de langage, les propos grossiers et indécents. Le nom de Dieu était partout blasphémé, ce qui semblait tout bonnement impensable, quelques années auparavant. Sans surprise, les conventions et les règles du mariage entamèrent leur décomposition : chasteté et fidélité périmées, adultère en vogue. Avec le temps, les pratiques sexuelles innovantes brisèrent des foyers à travers tout le pays. En 1910, presque neuf mariages sur cent se terminaient par un divorce ; en 1920, on dépassait les 13 % ; et, en 1928, on plafonnait à un pour six.

Il est difficile de concevoir des changements aussi radicaux, même avec nos standards actuels. Pourtant, tous se sont succédés en l'espace de quelques brèves années.

En 1928, l'Amérique était une nation exaltée, trépidante et prospère.

Tout comme de nos jours, l'Amérique des Années Folles a bénéficié d'un marché à la hausse pendant sept ans, de 1923 à 1929. L'opulence du pays semblait sans fin. Les actions des compagnies de chemin de fer montaient en flèche, alors même que l'industrie automobile produisait des dizaines de millions de voitures. La radio connaissait des vagues de prospérité et la valeur des compagnies telles que *General Electric, Woolworth* et *Montgomery Ward* s'intensifiait à perte de vue. Quand Herbert Hoover fut élu président, en 1928, le pays courait encore sur la lancée florissante qui avait débuté sous Calvin Coolidge. Dans son discours d'investiture, il déclara : « Nous, en Amérique, sommes aujourd'hui plus près du triomphe définitif sur la pauvreté que jamais auparavant dans l'histoire du pays. Les hospices et les logements sociaux sont en voie de disparition. Nous approchons du jour où l'indigence sera bannie de cette nation ».

Les deux veaux d'or du moment s'appelaient l'argent et le sport. Des millions de personnes investissaient dans le marché des actions, essayant de faire fortune – et le marché persistait à pulvériser les records précédents. Tout le monde, semblait-il, jouait en Bourse : les cireurs de chaussures, les conducteurs de bus, les femmes au foyer, les serveuses, les maîtres d'hôtel, aussi bien que les pasteurs. Un journal rapporte que quatre utilisateurs des transports en commun sur cinq lisaient les cours de la Bourse. Et pratiquement chaque petite ville du pays avait sa maison de courtage. La pléthore de l'Amérique était tellement effrénée qu'on en arrivait à défier toutes les règles de la logique. Les gens spéculaient : « Par le passé, chaque krach a été suivi d'un rétablissement. Le marché ne peut que monter. Par conséquent, il n'y a aucune raison de vendre. Je n'ai qu'à acheter et attendre patiemment ».

En 1929, cependant, la Chambre de Commerce et d'Industrie et les Services de gestion et d'information s'aperçurent que le marché courait à de graves problèmes. Au point qu'ils publièrent un sérieux avertissement. Une poignée de chefs de file, dans le milieu des affaires, prirent également conscience de la crise et tentèrent de donner l'alarme au sujet d'un krach possible. Plusieurs pasteurs se joignirent à eux, stigmatisant la cupidité généralisée, et prophétisant que Dieu était sur le point de juger le pays pour ses péchés. Mais l'immense majorité des experts répondit : « Faisons confiance à l'Amérique ! La prospérité s'est installée ici pour durer. Continuons à investir et consommer ». (NDLT. Plus qu'une profession de foi : « *Be bullish on America!* » – qui peut s'entendre aussi, par extension : « Pour une Amérique jusqu'au-boutiste » – est devenu un slogan « progressiste », pour des courants politiques actifs.)

Un auteur résuma la vision de l'Amérique de demain en ces termes : « Nous sommes une nation affranchie de la pauvreté et des incertitudes. Nous possédons toute la science contemporaine, une nouvelle prospérité ; nos routes sont parcourues de millions d'automobiles neuves. Les avions sillonnent les cieux. Les lignes à haute tension étirent leurs fils électriques, cime après cime, avec le pouvoir d'apporter l'information à mille machines, capables de réduire notre temps de travail. Les gratte-ciel dominent les villages d'antan. Les métropoles s'élèvent en gigantesques masses de pierre et de béton, toutes vrombissantes de leur trafic incroyablement mécanisé. Et des hommes et des femmes, élégamment vêtus dépensent, dépensent, dépensent l'argent qu'ils ont gagné sur le marché. ». Les Américains ignorèrent les quelques voix de la sagesse qui conseillaient la prudence, et s'obstinèrent à consommer.

Alors, l'inévitable se produisit. Le 3 septembre 1929, le marché commença à s'effondrer. Quelque chose ne tournait pas rond et tout le monde, en Amérique, l'apprit. Du jour au lendemain, les adjudicataires désertèrent. Pourtant, et en dépit de ce mauvais présage, des économistes lénifiants élevèrent la voix, haut et fort, pour essayer d'endiguer la frayeur. La Société économique de Harvard prétendit : « C'est juste une période de réajustement, un redressement qui s'avère nécessaire. Ce n'est pas le début d'une dépression ». Un expert, le professeur Fisher, affirma : « Dans quelques mois, le marché rebondira et passera à la vitesse supérieure ». Le président Hoover fit écho aux sentiments de la plupart des observateurs financiers : « La situation industrielle de l'Amérique est absolument saine. Nos usines bourdonnent comme des ruches. Les affaires sont florissantes. L'économie est en bon état. Il n'y a radicalement rien d'anormal dans nos structures fondamentales des affaires et du crédit. C'est le moment d'acheter des actions ». Le 16 octobre 1929, un journal publia un article intitulé : « Les affaires américaines sont trop vastes et diversifiées, et le pays trop riche, pour être influencés par les fluctuations du marché ». (Cela ne vous rappelle-t-il pas un air connu ?)

Finalement, le mardi 29 octobre 1929, le marché des actions en Bourse américain s'écroula avec fracas. La crainte et l'horreur intégrales frappèrent vers midi, ce jour-là. Les principales valeurs poursuivirent inexorablement leur chute – et, en ce temps-là, il n'y eut plus de chasseur de bonnes occasions, d'investisseur ou de grand opérateur boursier disposé à racheter ses propres actions. Par contre et à travers tout le pays, les petits porteurs désespérés fourmillèrent dans leurs offices de courtage, désireux de vendre à tout prix. Mais il n'existait tout simplement plus aucun acheteur. Le système des changes était incapable de faire face à l'afflux massif des titres à la vente. Et, en l'espace de huit petites heures, la partie fut terminée. Le président Hoover essaya de rassurer la nation. Mais ses paroles n'eurent que peu d'effet. Les télécommunications de l'Amérique furent saturées exclusivement des offres de vendeurs sans le moindre acquéreur en vue.

La panique gagna les nations étrangères. Dans le monde entier, tous furent abasourdis, choqués et effarés, en apprenant que la puissante économie de l'Amérique s'était soudainement effondrée. Dans chaque ville et village des États-Unis, des familles furent plongées dans l'indigence, pour avoir perdu leur richesse de papier. On recensa des suicides sur tout le territoire. La Grande Dépression venait de commencer. D'ailleurs, un écrivain traduisit ainsi les conséquences du krach : « C'est à peine s'il restait encore un homme ou une femme, dans le pays, dont l'attitude envers la vie n'ait pas été affectée, au moins à un certain degré… l'espoir avait été brutalement brisé. Avec la confusion du marché et leur prospérité perdue, les Américains se sont subitement retrouvés dans un monde différent, où tout avait changé. Jour après jour, les journaux imprimaient les chiffres sinistres des suicides ».

Cette grave et profonde dépression dura presque une décennie.

Qu'est-ce qui a fait crouler le marché des actions, en 1929 ?

Qu'est-ce qui, très exactement, a bien pu secouer l'Amérique et le monde de cette époque, en changeant la prospérité en pauvreté, du jour au lendemain ? Qu'est-ce qui a provoqué cette dépression mondiale ? Dans l'absolu, c'était le Seigneur. C'était ce même Dieu qui anéantit Sodome et Gomorrhe à cause de leurs péchés… ce même Dieu qui jugea Israël pour son idolâtrie, appelant l'armée de Titus sur Jérusalem afin de la détruire… ce même Dieu qui, dans l'Apocalypse, s'engage à ruiner la prospérité de Babylone en une seule petite heure… ce même Dieu qui avait averti l'Amérique pendant des années, en dénonçant son péché par les voix des prophètes qui poussaient des cris et s'affligeaient, le cœur brisé. Oui, l'Amérique est la Babylone moderne – et c'est ici le message de Dieu à Babylone : « *Tu disais : à toujours je serai souveraine ! Tu n'as pas pris ces choses à cœur, tu ne t'es pas souvenue qu'elles auraient une fin. Écoute maintenant ceci, voluptueuse, qui t'assieds avec assurance et qui dis en ton cœur : "Moi, et rien que moi ! Je ne serai jamais veuve, je ne connaîtrai pas la privation d'enfants !" Ces deux choses t'arriveront en un instant, au même jour, la privation d'enfants et le veuvage ; elles fondront sur toi dans toute leur rigueur malgré la multitude de tes sortilèges, malgré la puissance de tes pratiques magiques. Tu avais confiance dans ta méchanceté, tu disais : "Personne ne me voit !" Ta sagesse et ta connaissance t'ont tourné la tête, et tu disais en ton cœur : "Moi, et rien que moi !" Un malheur viendra sur toi, sans que tu en connaisses l'aurore ; la calamité tombera sur toi, sans que tu puisses la conjurer ; et la ruine fondra sur toi tout à coup, à l'improviste* » (Ésaïe 47 : 7-11).

Nous avons délibérément choisi d'ignorer les enseignements du jugement de Dieu sur l'Égypte, Israël, Jérusalem, Sodome, Babylone et tous les autres empires déchus.

Et maintenant, après plus d'un demi-siècle, nous avons totalement oublié ceux que Dieu a tenté de nous administrer au travers de la Grande Dépression des années 30, un jugement qui a écrasé notre pays et le monde entier. En ce temps-là, Dieu nous disait :

« Le péché flagrant est une honte pour n'importe quelle nation. C'est pourquoi vous ne devez jamais oublier comment votre pays a provoqué ma colère, il y a une génération. Je vous avais accordé la puissance, afin que vous deveniez riches et prospères, ce qui vous aurait permis d'être une grande nation missionnaire. Mais vous m'avez rapidement abandonné, moi, la source de toutes vos bénédictions. Par conséquent, j'ai immobilisé votre nation, humilié vos marchés prétentieux, amenant les riches à devenir pauvres. Souviens-toi de ce jour, Amérique ! Considère mes sentences, et ne reproduis pas les mêmes errements ! »

Cette nation a-t-elle appris et retenu quoi que ce soit, de son passé ? Les chefs de notre gouvernement ont-ils pris en considération les jugements historiques de Dieu, sur les peuples répréhensibles ? Non ! Ils les ont tous ignorés !

Il est très clair que dans le monde d'aujourd'hui se répètent les mêmes fautes qui ont autrefois entraîné la colère de Dieu sur chaque société pécheresse. Qui plus est, si l'on en croit les signes précurseurs, chacune d'elles – y compris l'Amérique – poursuit son chemin d'impiété, inconsciente des avertissements et des châtiments que Dieu inflige de toutes parts. Nos dirigeants semblent ignorer complètement les leçons de l'Histoire, et n'avoir aucun respect pour les relations que le Seigneur a nouées, de toute éternité, avec l'humanité pécheresse. Ils se comportent comme des insensés, comme s'il n'y avait pas un Dieu dans le ciel, qui leur demandera des comptes. Moïse, lui, avait ordonné à Israël de se rappeler tous les liens tissés par Dieu (livre du Deutéronome) :

- « *Rappelle à ton souvenir ce que l'Éternel, ton Dieu, a fait au Pharaon et à toute l'Égypte.* » (7 : 18)

- « *Souviens-toi, n'oublie pas de quelle manière tu as irrité l'Éternel, ton Dieu, dans le désert… et l'Éternel fut en colère contre vous jusqu'à vouloir vous détruire.* » (9 : 7-8)

- « *Tu te souviendras de l'Éternel, ton Dieu, car c'est lui qui te donne de la force pour acquérir ces richesses…* » (8 : 18)

- « *Garde-toi d'oublier l'Éternel, ton Dieu… Il t'a fait marcher dans ce grand et redoutable désert, pays des serpents brûlants, des scorpions et de la soif, où il n'y a pas d'eau ; il a fait jaillir pour toi de l'eau du rocher de granit, il t'a fait manger dans le désert la manne que tes pères ne connaissaient pas, afin de t'humilier et de t'éprouver, pour te faire ensuite du bien.* » (8 : 11,15-16)

Dieu avertissait son peuple : « Regardez en arrière, et rappelez-vous la manière dont j'ai traité vos ancêtres pécheurs. Je les ai jugés dans ma colère, les réduisant au dénuement, envoyant sur eux la dépression et la privation. Rappelez-vous aussi les miracles et les délivrances surnaturelles que j'ai accordés à vos pères, quand ils sont revenus à moi. Je veux que vous vous rappeliez conjointement mes deux attitudes, parce que je ne change jamais. Je suis le même hier, aujourd'hui et éternellement, et j'agirai de la même manière envers vous, dans votre situation actuelle. J'enverrai pareillement le jugement sur le méchant, et les libéralités sur le repentant. Ainsi donc, mes enfants, apprenez de votre passé – et ne commettez pas les mêmes fautes que vos ancêtres ! »

Puis, Moïse instruisait le peuple : « *Souviens-toi des jours d'autrefois, considère les années, de génération en génération, interroge ton père, et il te l'annoncera, tes anciens, et ils te le diront* » (Deutéronome 32 : 7).

De la part de Dieu, il adjurait : « Apprenez de vos pères et de vos aînés, de tous ceux qui vous ont précédés. Retournez aux sources, et consultez les archives. Voyez de quelle manière j'ai exercé le jugement sur eux, et tirez-en instruction. Vous devez avoir une parfaite connaissance des relations que j'entretiens avec toutes les nations – parce que je vais vous traiter de la même manière ! »

Le roi Josias a retenu les leçons du passé.

Quand Josias monta sur le trône d'Israël, le grand prêtre rapporta qu'on avait trouvé un registre, dans lequel étaient consignées toutes les dispositions antérieures de Dieu avec la nation. On apporta alors ce livre à Josias, et on le lui lut. À ce point, l'Écriture relate : « *Lorsque le roi entendit les paroles du livre de la loi, il déchira ses vêtements* » (2 Rois 22 : 11).

Soudain, en écoutant la parole de Dieu, les yeux de Josias s'ouvrirent. Il était tellement bouleversé, d'entendre qu'Israël s'était tant éloigné du Seigneur, qu'il déchira son manteau. Il s'écria, devant ses amis : « Si tout cela est vrai – si c'est ainsi que Dieu a jugé les générations passées pour leurs péchés – alors, nous sommes terriblement en danger. La colère de Dieu a pratiquement déjà fondu sur nous ! »

Et il encouragea le prêtre : « *Allez consulter l'Éternel pour moi, pour le peuple et pour tout Juda, au sujet des paroles de ce livre qu'on a trouvé ; car grande est la fureur de l'Éternel. Elle s'est enflammée contre nous, parce que nos pères n'ont pas obéi aux paroles de ce livre pour agir selon tout ce qui est écrit sur nous* » (2 Rois 22 : 13).

Le roi Josias fit exactement ce que Moïse avait commandé : il se référa aux annales, et se remémora les rapports de Dieu avec les précédentes générations. Il apprit quelle sorte de comportement avait attiré la colère de Dieu sur elles. Et il évalua l'état dans lequel se trouvait sa propre nation. Ensuite, Josias conclut : « Nous avons péché de façon plus horrible encore que nos pères ne l'avaient fait. Et, si le Seigneur les a jugés à cette époque, il nous juge aussi aujourd'hui. Notre société encourt la même disgrâce ! »

Permettez-moi de vous poser une question : connaissez-vous un quelconque chef de gouvernement, en Amérique ou dans un quelque autre pays, qui subodore le prochain désastre mondial et s'arrête pour considérer les voies de Dieu ? Existe-t-il un dirigeant conscient de ce que la colère de Dieu est embrasée contre notre génération ? En est-il un qui ait le courage d'admettre : « Nous avons péché plus gravement même que nos ancêtres pendant la décennie de la décadence. Nous sommes infiniment plus méchants qu'ils ne l'étaient – et Dieu les a condamnés à la Grande Dépression ! Si le Seigneur les a ainsi frappés pour des péchés moindres, comment pouvons-nous espérer être épargnés ? Nous courons un très grand risque ! »

Pas besoin d'être prophète, pour connaître les péripéties des relations de Dieu avec les impies. Tout est très clairement inscrit dans sa Parole. D'ailleurs, je crois que chaque ministre de l'Évangile est appelé à prévenir le peuple de Dieu de semblables verdicts. Pourtant, ou sont aujourd'hui les prédicateurs prêts à se lever comme l'a fait Josias, sondant la Parole de Dieu et sonnant l'alarme, criant : « Nous sommes une génération d'insolents, d'arrogants, de dépravés !

Nous sommes cent fois plus mauvais que nos pères ne l'étaient dans les Années Folles. Nous sommes sérieusement en péril. Il est temps de nous repentir et de revêtir la toile à sac de la repentance ».

En tant que ministre de l'Évangile, je ne peux pas prendre à la légère l'avertissement solennel que dispense Ézéchiel à toutes les sentinelles de Dieu : « *Si la sentinelle voit venir l'épée et ne sonne pas du cor, si le peuple n'est pas averti, et que l'épée vienne enlever quelqu'un, celui-ci sera enlevé à cause de son injustice, mais je réclamerai son sang à la sentinelle* » (Ézéchiel 33 : 6).

Dieu avertit tous les pasteurs : « Celui qui prêche mon Évangile, mais ne recherche pas ma parole et n'analyse pas l'Histoire, ne fait pas ce que Moïse a ordonné. Quand le moment viendra de se tenir devant moi, au jour du Jugement, des bergers aussi paresseux le feront avec du sang sur les mains ! » Comment un pasteur, qui étudie la Parole de Dieu et passe du temps dans la prière peut-il ne pas voir ce qui vient ? S'il ne distingue pas l'orage, droit devant, il doit être aveuglé par ses appétits ou son apathie. Un tel homme n'est pas digne de son appel. Cependant, s'il voit ce qui vient, il doit faire retentir un avertissement. S'il refuse d'avertir les enfants de Dieu – et leur permet plutôt de partir à la dérive, dans l'iniquité et l'indolence – leurs âmes perdues lui seront imputées, au jour du Jugement. Que Dieu nous aide à apprendre cette leçon !

Il y a une autre leçon, que le passé ne nous a pas enseignée.

L'Église de Jésus-Christ, aujourd'hui, n'a pas appris à faire entièrement confiance au Seigneur dans les périodes critiques. Il est possible que nous ayons subi des épreuves, dans nos vies – maladies, chagrins, échecs, problèmes financiers. Mais nous n'avons pas appris les conséquences terribles de l'incrédulité, dans les jours sombres et difficiles. David assurait : « *En toi se confiaient nos pères ; ils se confiaient en toi et tu les délivrais. Ils criaient à toi et ils échappaient ; ils se confiaient en toi et ils n'étaient pas dans la honte* » (Psaume 22 : 5-6).

David lui-même était l'un de ces pères fidèles. En effet, il reste pour nous maintenant l'exemple de quelqu'un qui a pleinement fait confiance à Dieu. Pour que son esprit et son âme « défaillent » en lui, il a fallu qu'il endure un épisode extrêmement douloureux. Mais ensuite, ayant recouvré sa foi, il a pu dire : « *Oh! Si je n'étais pas sûr de contempler la bonté de l'Éternel sur la terre des vivants!...* » (Psaume 27 : 13).

Le Psaume 91 de David est son perpétuel *credo* dans le Seigneur, quoi qu'il ait eu à affronter dans la vie. Très peu de chrétiens, aujourd'hui, comprennent parfaitement les merveilles et les délivrances inimaginables que Dieu a opérés pour son peuple dans l'Ancien Testament. Nous avons eu connaissance de la façon dont Dieu ouvrit la Mer rouge... comment il tira de l'eau d'un rocher dans le désert... comment il fit pleuvoir la manne du ciel... comment il délivra les enfants hébreux de la fournaise ardente et des crocs des lions... comment il libéra Israël du Pharaon, de Goliath et de tant d'autres ennemis.

Mais, évidemment, nous n'avons pas assez appliqué cette instruction pour dissiper notre propre panique lorsque surgissent des temps vraiment durs. Et maintenant que nous allons faire face à la prochaine crise, nous ne parvenons pas toujours à combattre efficacement notre débordement de craintes et d'inquiétudes.

En explorant l'histoire de nos ancêtres, nous découvrons que, parmi ceux qui ont bénéficié de prodiges au cours de leur existence, beaucoup ont sombré dans l'incrédulité lors d'épreuves ultérieures. En fait, quand ils sont parvenus à la phase la plus ardue de leur test, ils ont échoué et abandonné Dieu. Les pères eux-mêmes – qui avaient autrefois sincèrement fait confiance à Dieu et qui avaient, à maintes reprises, expérimenté sa puissance libératrice – ont exprimé le doute et la défiance, quand ils se sont heurtés à de nouvelles difficultés : « *Voici qu'il a frappé le rocher, des eaux ont afflué, et des torrents se sont répandus; pourra-t-il aussi donner du pain ou fournir de la viande à son peuple?* » (Psaume 78 : 20).

Même après qu'Israël eût éprouvé, miracle après miracle, l'affranchissement et la disposition de Dieu, la plupart s'interrogeait toujours : « C'est vrai, Dieu nous a donné de l'eau. Mais peut-il aussi facilement nous fournir de la nourriture ? » Quand le Seigneur entendit leurs murmures, il se mit en colère *« parce qu'ils ne croyaient pas en Dieu, parce qu'ils n'avaient pas confiance en son salut »* (Psaume 78 : 22). Le psalmiste nous avertit, dans ce verset : nous pouvons faire confiance à Dieu pendant des années, en le voyant exécuter des chefs-d'œuvre en notre faveur – et cependant, confrontés à la calamité, descendre soudainement en vrille dans une spirale d'incrédulité qui afflige et irrite notre Seigneur.

Notre Père céleste nous veut absolument convaincus que ses promesses de protéger les siens sont toujours vraies, quelles que soient les circonstances. Aussi sombre que devienne l'avenir.

La dépression financière peut s'avérer encore plus dramatique que nos pires cauchemars mêmes ne le laissaient supposer. Nous pouvons être démunis au point que nous devions passer des jours entiers à genoux, priant le Seigneur de pourvoir à nos besoins. Les ténèbres peuvent submerger la terre. Quoi qu'il arrive, le fait est là : Dieu épargnera et protégera toujours ses enfants. Il veut que nous le sachions : « Je vous ai donné la valeur d'une Bible tout entière peuplée d'exemples, pour vous exposer toutes les manières par lesquelles j'ai démontré ma puissance en faveur de mon peuple. Vous y trouverez des récits concernant mon jugement – mais vous y trouverez aussi des récits concernant ma sollicitude. Regardez simplement aux années écoulées, étudiez-les, et apprenez à me faire confiance ».

Nous devons apprendre à observer la parole du Seigneur, en la matière. Sinon, nous passerons notre vie comme l'a fait l'incrédule Israël – consumés par la panique et l'affliction !

CHAPITRE DEUX

LA CONCEPTION DIVINE DE LA PROSPÉRITÉ DANS LES TEMPS DIFFICILES :

LE PLAN DE SAUVEGARDE DE DIEU, PAR LA CONFIANCE EN SA PAROLE

Un sympathique chrétien m'a envoyé la lettre suivante :
« Pasteur Wilkerson, je vous écris parce que je suis perplexe à la suite de vos récents messages, concernant le prochain effondrement financier de l'Amérique. Toute notre vie, ma femme et moi avons été de bons administrateurs des bénédictions que Dieu nous a accordées. Nous avons soutenu beaucoup de ministères comme le vôtre en même temps, naturellement, que notre assemblée locale. Nous sommes reconnaissants au Seigneur de ce que nos investissements ont été fructueux et nous procurent maintenant une existence tout à fait confortable. Voici ma question : si l'économie est sur le point de s'écrouler, où nous conseillez-vous de placer nos finances ? Sommes-nous censés faire confiance à nos fonds communs de placements, au marché des actions, à notre banque, ou au matelas de notre chambre à coucher ? Il semble que tout le monde perçoive l'avenir

sous les couleurs les plus sombres, mais personne n'a réellement d'avis sur la façon de s'y préparer. Mon épouse et moi n'avons pas fait de dettes, et nous donnons la dîme fidèlement, mais nous ne savons pas que faire avec le reste de l'argent. Que préconisez-vous ? Je sais que vous n'êtes pas un conseiller financier, mais vous nous avez déconcertés. Nous aimerions recevoir davantage d'informations de votre part et du Tout-Puissant. »

Un couple chrétien du Middlewest écrit : « Merci de votre avertissement. Nous prions pour recevoir des instructions du Seigneur, concernant les moyens de nous préparer. Nous entendons de multiples voix et des paroles prophétiques qui nous plongent dans la confusion. Or nous savons que Dieu n'est pas l'auteur de la confusion. Une station de radio chrétienne, dans notre secteur, apporte un enseignement prophétique ; et nous avons pu constater d'étranges réactions, aux prophéties et aux avertissements que comporte ses programmes. Un homme est déterminé à vendre sa maison, et à reloger tous les siens en appartement parce que, dit-il : "De toute façon, il n'y en a plus pour très longtemps". Son épouse est consternée et leur famille, traumatisée, est perturbée par sa décision. Une église a fermé, parce que les gens ont obéi à une prophétie spécifique. Il y a trop d'interprétations fantaisistes de la parole prophétique qui se répandent. Avec quelques amis intercesseurs, nous en sommes venus aux conclusions suivantes :

1. Nous prions afin de ne pas être trompés.
2. Nous prions afin d'entendre clairement la voix de Dieu et d'y obéir.
3. Nous prions pour que ces temps nous amènent à plus d'intimité avec le Seigneur.
4. Nous prions afin que nos biens et nos maisons demeurent disponibles pour l'usage de Dieu. Nous voulons être prêts à abriter d'autres chrétiens. »

Et un frère de la Côte Ouest : « Mr. Wilkerson, vous avez annoncé l'effondrement du marché des actions, et nous sommes inquiets. C'est là que nous avons investi nos fonds de pensions de retraite.

Comme vous le savez, les pensions représentent la principale source de revenus d'innombrables chrétiens. Une large gamme des financements dépend du marché des actions et, pour la plupart, nous n'avons guère le choix quand il s'agit de placer notre argent. Où les institutions et les établissements devraient-ils investir leurs fonds et annuités de dotation ? Si le marché s'écroule, que deviendront toutes les pensions des syndicats, les pensions des professeurs, les pensions de l'administration ? J'ai reçu un appel missionnaire, et j'aurai besoin de ces capitaux pour survivre. Si un quelconque effondrement économique doit survenir, il nous faut plus qu'un avertissement. Nous avons besoin de solutions et de réponses ».

Ce ne sont que quelques échantillons des messages en provenance de chrétiens sincères, à travers toute la nation. La majorité de ces gens croit que le krach approche, et ils sont reconnaissants de l'information. Mais ils disent : « Puisque Dieu est assez compatissant pour nous prévenir, où est sa parole bienveillante, susceptible de nous guider dans la bonne direction ? Comment allons-nous nous préparer ? Où est l'arche de notre salut ? Dieu châtiera-t-il ses fidèles enfants, dans son ardeur à réprimer les méchants ? Ou nous indiquera-t-il clairement comment investir l'argent, que nous avons gagné honnêtement, afin que nous puissions continuer à soutenir nos familles et son œuvre, au cours de la prochaine tourmente ? »

Ceux qui posent ces questions ne sont pas de riches et avides chrétiens, qui tentent d'amasser de l'argent. Beaucoup sont pratiquants et prient, ce sont des croyants désireux de bien administrer ce que Dieu leur a confié.

Ces chrétiens implorent : « Nous ne savons de quel côté nous tourner. Nous nous sommes tenus à genoux, et nous sommes tombés sur nos faces devant le Seigneur, mais nous n'avons aucune réponse. S'il vous plaît, pasteur Wilkerson, apportez-nous quelque chose de tangible ». Et d'autres : « Je vis au jour le jour, d'une paye à l'autre. Je n'ai ni action ni obligation, aussi ce dont vous parlez n'a aucun sens pour moi. Tout mon salaire est englouti dans mes factures hebdomadaires et mensuelles. Comment faire, si une dépression survient? ».

Je crois que Dieu ne cache jamais rien qui soit important à ses précieux enfants. Et s'il tient à nous avertir d'une tempête imminente, nous pouvons être sûrs qu'il ne nous laissera pas vivre dans la crainte et l'appréhension constantes. Aucun père affectueux ne traite ses enfants de telle sorte, et notre Père céleste est plus aimant que n'importe lequel d'entre eux. En réalité, il veut nous prodiguer sa sagesse et des conseils divins, et il est prêt à le faire. Mais, notre problème, c'est que nous ne voulons pas entendre les solutions bibliques et moralisantes. Nous voulons des réponses adaptées à la sagesse de ce monde : acheter des lingots d'or, commuter nos fonds de retraites, ou convertir notre épargne en bons du Trésor. Certains ont été assez abrupts pour exposer carrément le fond de leur pensée : « S'il vous plaît, Pasteur, épargnez-moi les dynamiques généralités basiques et spirituelles, telles que laisser "la voix de Dieu me guider" ou "l'Esprit Saint devenir mon courtier". Je ne veux plus entendre de discours théologiques, qui restent muets quant à la façon d'assurer solidement mon épargne. Qu'est-ce que la théologie a à faire avec les investissements ou les opérations financières à effectuer, dans les temps difficiles ? Je veux juste savoir où placer mon argent ».

Encore un courrier : « Il y a bien longtemps, en 1980, j'ai demandé à Dieu ce qu'il voulait que je fasse avec l'argent de notre famille. Le passage de l'Écriture, vers lequel il m'a dirigé, commençait par le mot "argent". Sa Parole, ensuite, indiquait qu'il allait juger toutes les nations de la terre à cause de leurs péchés incessants. Courant la semaine, le Seigneur a dit à mon épouse, dans un songe, que nous devions bâtir une cabane en rondins sur un terrain de deux hectares et demi. Je ne me suis pas engagé tout de suite dans cette direction. En fait, il nous a fallu cinq ans, pour aménager ces quelques arpents. En confirmation, Dieu a accompli beaucoup de choses incroyables – des choses sur lesquelles nous n'avions aucun contrôle – pour nous amener à pied d'œuvre. Nous espérons entrer dans la maison au prochain printemps. Je crois fermement que vous êtes l'un des hommes pieux de ce pays, ou du moins en ai-je l'impression. J'ai lu avec intérêt chacune de vos publications, ainsi que votre nouveau livre : *America's Last Call,* avec le roman récent de Pat Robertson : *The End of the Age* (La fin d'une époque). J'écris aujourd'hui pour vous demander comment nous pouvons savoir si, pour nous, c'est le bout du chemin. En 1980, j'avais la sensation que nous étions près de la fin. Et j'ai lu les travaux de nombreux autres pasteurs qui croyaient que les derniers temps approchaient. Maintes et maintes fois, ils se sont fourvoyés – certains parce que leur but n'était finalement que de vendre un livre, d'autres parce qu'ils éprouvaient vraiment le sentiment que Dieu le leur avait révélé. Qui devons-nous croire ? Si j'avais, alors, renoncé à nos investissements familiaux, nous aurions manqué de belles occasions. L'Amérique fait-elle maintenant de la résistance à tort et à travers, comme je le pensais déjà en 1980 ? Ou continuerons-nous dans la même voie pendant encore de longues années, probablement même des décennies ? Mes parents sont décédés en nous laissant des valeurs considérables. Maintenant, c'est à moi qu'il appartient de décider ce qu'il faudrait faire de ces fonds. Si je les retire du marché, nous devrons payer beaucoup d'impôts, et le jugement de notre Seigneur est peut-être encore pour un temps éloigné. J'ai une responsabilité envers mes enfants et petits-enfants. Si LE grand jugement doit s'abattre sur notre pays à cause de tous nos inconcevables péchés, alors je ferais bien de retirer l'argent, payer les impôts et demander à Dieu de me montrer où mieux placer le reste – pour lui et pour ma famille. C'est un domaine impliquant de très lourdes responsabilités. Il a fallu plusieurs générations, à notre famille, pour accumuler cet argent.

J'ai des amis chrétiens qui ne semblent pas le moins du monde s'inquiéter de tout ceci. En fait, j'ai totalement modifié ma façon d'envisager mes investissements, et je n'ai pas participé à des programmes qui auraient pu être excellents, en raison de ce que Dieu m'avait montré en 1980. Si j'avais su que le délai serait si long, j'aurais poursuivi sur ma lancée. Mais nous ne disposons pas de cette sorte de connaissance, pour le moment. Beaucoup de gens prennent des décisions basées sur leur certitude de votre relation étroite avec Dieu. Et moi aussi, j'accorde à ce sujet beaucoup plus de considération que jamais auparavant, à cause de ma propre conception de votre marche avec le Seigneur. Et je crois que les directives que Dieu donne à chacun de ses enfants devraient être tout à fait identiques. Si nous sommes sur le point d'entrer dans de graves périodes de chaos, alors c'est la connaissance, que le Seigneur voudrait pour chacun de ses enfants. Si le marché doit s'effondrer totalement et qu'il nous faille de la nourriture, de l'eau et le minimum médical nécessaire, alors Dieu voudrait que chacun de nous le sache également. Il peut nous diriger individuellement dans divers domaines du service mais, sur ces sujets majeurs, nous devrions tous posséder la même connaissance. Pourquoi ne sommes-nous pas au courant ? Et comment saurons-nous quand il nous parle ? Je sollicite le maximum d'explications possibles. Je prie pour chacun de nous, pendant ce temps, pour que nous nous conformions à la volonté de Dieu. »

Plusieurs de mes amis s'attendent à ce que je réponde comme un économiste. Ils veulent que je leur communique, à partir de la sagesse durement gagnée au cours de mes études, un certain genre de conseils « d'initié » que j'aurais pu obtenir dans la prière. Mais le fait est que je ne suis pas un prophète, et que je ne connais rien aux sciences économiques.

Par contre, je n'ai aucun doute que le jugement est à la porte – parce que j'ai sondé la Parole de Dieu, sur la question. Et, j'en suis conscient, beaucoup préféreraient ne pas l'entendre : mais je crois que, le plus important de ce que nous devons connaître en ce moment, c'est la Parole de Dieu.

Malheureusement, des multitudes de chrétiens ont négligé leur Bible depuis tellement longtemps, et ils ont si peu retenu des prédications de l'authentique Parole de Dieu, qu'ils ne font plus confiance à ses directives. Ils ne considèrent nullement les Écritures comme leur livre de référence. Au contraire, ils se tournent vers la sagesse du monde. Mais la Bible elle-même avertit : « *Aussi est-il écrit : Je détruirai la sagesse des sages, et j'anéantirai l'intelligence des intelligents... Dieu n'a-t-il pas frappé de folie la sagesse du monde? »* (1 Corinthiens 1 : 19-20).

Est-ce que je fais confiance à un économiste? Non. Est-ce que je fais confiance aux bulletins financiers, rédigés par des magiciens de l'économie inconvertis? Non. Est-ce que je fais confiance aux fonds communs de placements mutualistes, aux actions, aux obligations, aux investissements du marché monétaire, aux fonds de pensions de retraite, à la Sécurité Sociale? Non. En bref, je n'ai confiance en aucune institution financière, aujourd'hui. En tant que chrétiens, nous ne pouvons pas mettre notre confiance dans une institution financière, un organisme gouvernemental ou de gestion, alors que Dieu dit qu'il va ébranler tout ce qui peut être ébranlé!

Ésaïe prophétise : « *On entrera dans les cavernes des rochers et dans les profondeurs de la poussière, loin de la terreur de l'Éternel, de l'éclat de sa majesté, quand il se lèvera pour épouvanter la terre* » (Ésaïe 2 : 19). Si Dieu dit : « J'ébranlerai le monde entier, jusqu'en ses fondements » – croyez-moi – ça va être une secousse impressionnante. Le monde financier sera violemment secoué, bien au delà de tout ce que vous pourriez imaginer!

J'ai entendu beaucoup de gens avancer : « Le seul placement sûr pour l'argent, maintenant, réside dans les bons du Trésor des États-Unis... » C'est probablement vrai – mais même ce genre d'investissement ne rapporte qu'un très faible intérêt. Je vous le dis, il n'y a plus d'abri assuré sur cette planète! Les seules solutions et réponses sont les solutions et les réponses spirituelles de la Bible – et je ne parle pas simplement d'une vague théorie impraticable. Voici la dure vérité : si Dieu est décidé à bouleverser toutes choses, les seules restant debout seront celles qui ne peuvent pas tomber, c'est pourquoi nous devons chercher ces éléments inébranlables et affermis sur le roc. Et je crois que la Parole de Dieu précise nettement de quoi il s'agit. Il nous a fourni un plan facile à suivre, non seulement pour survivre, mais aussi pour prospérer dans les temps difficiles.

Il existe un genre de croyant qui prospère dans tout ce qu'il fait.

La Parole de Dieu décrit ainsi le croyant prospère : « *Il est comme un arbre planté près d'un cours d'eau, qui donne son fruit en son temps, et dont le feuillage ne se flétrit pas : Tout ce qu'il fait lui réussit* » (Psaume 1 : 3). Le verbe « réussir » signifie « triompher » ou « surmonter toute l'adversité ». Aux termes du psalmiste, ce croyant va surmonter l'adversité, il va en triompher, qu'elle soit spirituelle, physique ou économique. Et David contraste : « *Il n'en est pas ainsi des méchants : ils sont comme la paille que le vent dissipe* » (Psaume 1 : 4).

Selon Jésus, l'orage à venir paniquera les méchants, les acculant au désespoir. Il prédit : « *Les hommes rendront l'âme de terreur dans l'attente de ce qui surviendra pour la terre, car les puissances des cieux seront ébranlées* » (Luc 21 : 26).

Par contre, ceux qui croient en Dieu ne seront pas acculés au désespoir. Ils feront face aux mêmes vents violents, aux mêmes épisodes terribles – mais ils progresseront en esprit. Quoi qu'il arrive, ils pratiqueront toujours de bonnes œuvres, fructifiant et triomphant spirituellement, même dans les pires moments. C'est la mesure (« l'économie ») du Dieu de prospérité – bien que ce ne soit pas cette sorte-là que le monde reconnaisse ou recherche. Il ne s'agit pas de richesses, possessions ou capitaux amassés. Mais plutôt de paix, de réconfort et de subsistance, en l'absence de crainte comme d'anxiété quand le monde commencera à s'effondrer.

Le *New York Times* rapporte qu'un certain nombre de gens riches, à New York, ont déjà leur « parachute doré » (NDLT : compensation payée aux cadres supérieurs par une société ciblée, si elle est absorbée ou rachetée par une autre) – c'est-à-dire leur plan d'évasion – en place, pour le jour du cataclysme. Ils ont acheté des résidences secondaires dans le pays, et ils les remplissent maintenant de réserves, de fournitures et même d'armes à feu. Leurs chauffeurs sont sur le qui-vive, prêts à les évacuer en coup de vent hors de la ville, aux premiers signes d'émeutes ou de violence.

Mais, lorsque le Seigneur dépouillera chaque institution fiable en Amérique, et lorsque la terreur frappera, la seule vraie richesse qui restera sera la connaissance du Seigneur Jésus-Christ et de ses voies. Toute la véritable sécurité repose en lui. Et c'est en lui seul que nous pouvons avoir la paix – sachant que, quels que soient les fléaux qui s'abattent, ni le vent ni la tempête ne pourront nous déraciner.

Le chrétien qui prospère dans les temps difficiles est celui qui a rejeté le conseil de l'incroyant et s'est affermi sur la Parole de Dieu, son seul guide.

David parle du croyant prospère : « *Heureux l'homme qui ne marche pas selon le conseil des méchants, qui ne s'arrête pas sur le chemin des pécheurs, et qui ne s'assied pas sur le banc des moqueurs* » (Psaume 1 : 1). Le psalmiste ne limite pas son propos à un juste – tenté de se livrer à une abominable luxure, ou de se rendre dans des lieux mal famés avec des compagnons de débauche, ou de s'associer aux cyniques athées. David demande où nous puisons nos informations et recrutons nos conseillers. Ce verset insiste : « Béni soit le croyant qui refuse de prendre des décisions ou d'investir sous l'influence d'experts incroyants qui tournent la Parole de Dieu en dérision ».

David décrit alors le comportement de ce croyant prospère : « *mais qui trouve son plaisir dans la loi de l'Éternel, et qui médite sa loi jour et nuit !* » (Psaume 1 : 2). C'est-à-dire, pour l'essentiel : « Si vous voulez être préparés, vous devrez renoncer à toute dépendance axée sur ce siècle. Dieu ne permettra pas que son épouse dépende de qui que ce soit ou de quoi que ce soit de ce monde. Ses disciples doivent avoir l'esprit de son Fils. Et, comme Jésus, ils doivent chercher le Père de tout leur cœur, de toute leur âme, de tout leur esprit et de toute leur force. »

En ce moment, vous pensez peut-être : « Pasteur, votre message est décevant. D'abord, vous nous laissez croire que nous pouvons prospérer dans les temps difficiles. Ensuite, vous refusez de nous donner le moindre conseil valable pour obtenir la prospérité. Au lieu de cela, vous avez recours à des concepts nébuleux comme : "Confiez-vous simplement en Dieu" et "Faites confiance à votre Bible". C'est une vieille rengaine. Et ce n'est pas utile du tout. Nous avons besoin de savoir où placer notre argent – comment aviser, comment agir sagement, comment survivre ! »

Je le répète : ces réponses « spirituelles » sont au cœur même de l'affaire – et rien d'autre n'est important, jusqu'à ce qu'elles aient pris toute leur place. Se tourner vers le Seigneur est un acte en relation étroite avec notre protection, dans les temps difficiles – et qui est bel et bien revêtu de caractère pratique. En fait, c'est *la seule* manière de se préparer et de survivre.

C'est la première étape – le point où chacun de nous doit nécessairement commencer. Après tout, nous ne pouvons pas nous attendre à ce que Dieu nous indique la direction, si nous n'allons pas à lui et ne la lui demandons pas.

> **Dieu ne permettra pas à son peuple de chercher ailleurs qu'auprès de lui le conseil et la direction. Tout crédit accordé à un athée, qui se moque de sa Parole, est considéré comme une abomination !**

La Parole de Dieu n'a rien d'équivoque, à propos des conseils des inconvertis : « *Malheur à ceux qui descendent en Égypte pour avoir du secours, qui prennent leur appui sur des chevaux et se fient aux chars à cause de leur nombre et aux cavaliers, parce qu'ils sont très forts, mais qui ne regardent pas vers le Saint d'Israël et ne recherchent pas l'Éternel* » (Ésaïe 31 : 1). Le prophète s'adressait au peuple de Dieu : « *Vous courez partout à la recherche d'une direction. Vous voulez des conseillers, vous voulez la connaissance – mais vous ne venez pas au Seigneur !* » Il prédit que toute confiance, accordée à l'aide des athées, sera finalement trahie : « *et, tous ensemble, ils périront* » (Ésaïe 31 : 3).

Jérémie émet un avertissement tout aussi incisif : « *Ainsi parle l'Éternel : Maudit soit l'homme qui se confie dans un être humain, qui prend la chair pour appui, et qui écarte son cœur de l'Éternel!* » (Jérémie 17 : 5). Mais, ensuite, il ajoute cette parole d'espoir : « *Béni soit l'homme qui se confie en l'Éternel, et dont l'Éternel est l'assurance! Il est comme un arbre planté près des eaux, et qui étend ses racines vers le courant; il ne voit pas venir la chaleur et son feuillage reste verdoyant; dans l'année de la sécheresse, il est sans inquiétude et il ne cesse de porter du fruit* » (Jérémie 17 : 7-8). Ceux qui font entièrement confiance au Seigneur Jésus-Christ n'ont aucune raison d'être tourmentés par la vision du futur. Naturellement, aucun de nous ne sait quelle sera la virulence de l'orage terrible auquel nous allons faire face. Mais c'est sans importance, pour ceux dont la foi est ancrée dans la Parole de Dieu.

Nous voyons l'illustration de cette foi, manifestée dans la vie de l'apôtre Paul. Il écrit : « *Et maintenant voici que, lié par l'Esprit, je vais à Jérusalem, sans savoir ce qui m'y arrivera* » (Actes 20 : 22). Lorsque Paul marchait sur la route de Jérusalem, il ne savait pas ce qui allait se passer. Il ne savait pas qu'une foule sauvage le traînerait hors du Temple, que le tumulte régnerait, à cause de lui, dans la ville troublée par ses enseignements, qu'il serait enchaîné, emprisonné et menacé de mort, qu'il serait présenté devant des chefs d'états, mis en examen et à l'épreuve, et qu'il finirait dans une prison romaine. Pourtant, sans préjuger de ce qui l'attendait, Paul pouvait déjà témoigner sincèrement : « Quand j'imagine l'avenir, je n'ai pas la moindre idée de ce qui va se présenter sur ma route. Tout ce que je sais, c'est que de rudes périodes et des afflictions se dessinent : *"seulement, de ville en ville, le Saint-Esprit atteste et me dit que des liens et des tribulations m'attendent"* » (Actes 20 : 23). Pourquoi Paul était-il prêt à affronter tous les dangers et les difficultés qui le guettaient? Il savait que le Saint-Esprit était fidèle, pour l'avertir en temps utile! Bien qu'il ait entrevu le péril au détour de son chemin, Paul pouvait attester : « *Mais je ne fais aucun cas de ma vie, comme si elle m'était précieuse…* » (Actes 20 : 24). Cet homme de Dieu a témoigné au monde entier : « Dangers, périls, turbulences – rien de tout cela ne me tracasse. Je n'attache pas d'importance à quoi que ce soit, pas même à ma propre existence. Tout va toujours bien, puisque je n'attends pas la moindre joie de cette terre. Rien n'a de valeur, sinon le Christ – il est mon unique réalité! C'est pourquoi je meurs quotidiennement à ce monde. Périodes fastes, périodes de manque, périodes d'abondance, périodes d'abaissement – je ne fais pas la différence. Je ne m'intéresse pas à ces choses, parce que j'ai le Christ. Il est tout pour moi! Mon Seigneur me portera à travers chaque difficulté. Il tracera ma voie. » L'une des raisons pour lesquelles Paul n'éprouvait pas d'angoisse à la pensée des difficultés potentielles était liée au fait qu'il ne convoitait aucun bien ni richesse. Au contraire, il savait qu'il devait partager tout ce qu'il possédait avec le pauvre et l'indigent. *« Je n'ai désiré ni l'argent, ni l'or, ni les vêtements de personne. En tout, je vous ai montré qu'il faut travailler ainsi, pour venir en aide aux faibles, et se rappeler les paroles du Seigneur Jésus, qui a dit lui-même : "Il y a plus de bonheur à donner qu'à recevoir" »* (Actes 20 : 33, 35).

J'ai été témoin de cette même attitude pleine de zèle, dans une lettre que nous avons reçue d'une merveilleuse grand-mère chrétienne. Cette femme croit que, dans la prière, Dieu lui a montré les temps devenir si désastreux que beaucoup ne disposeront même plus des petits objets d'usage courant. Aussi a-t-elle entrepris de collectionner des aiguilles, des allumettes, des bougies, du fil, des épingles à cheveux, etc. – toutes ces bricoles que l'on jette, habituellement. Elle en a maintenant rempli sa maison. Pourquoi? Elle veut pouvoir aider les autres – en assistant les malheureux, dans les temps difficiles.

Maintenant, comparez son état d'esprit avec celui des personnes – dont des chrétiens – qui sont décidées à protéger leurs stocks de ravitaillement avec des pistolets. J'ai vu des livres traitant de la prochaine dépression, et bon nombre d'entre eux adoptent des positions pratiquement soldatesques. Des auteurs, dont certains sont croyants, suggèrent que les gens devraient être déterminés à protéger leurs réserves à tout prix, même si cela signifie tirer sur les intrus.

Naturellement, il est sage d'entreposer des vivres et des articles de première nécessité – mais seulement selon les instructions de Paul : « Aidez les faibles. Et partagez ce que vous possédez, plutôt que de tout garder pour vous-mêmes ! »

Pourquoi aucune des calamités à venir ne devrait-elle nous émouvoir ? Parce que l'heure des ténèbres est aussi l'heure de la manifestation de la puissance du Christ !

L'heure de la manifestation du pouvoir de Dieu survient quand son peuple est rendu à l'extrémité de ses propres forces et capacités. Notre Seigneur démontre sa puissance envers nous quand nous sommes à notre plus bas niveau !

On en trouve un merveilleux exemple dans l'évangile de Jean. Jésus, sa mère et ses disciples étaient invités à un repas de noces, à Cana. Vous connaissez l'histoire : quand le sommelier manqua de vin, Marie se tourna vers Jésus pour demander : « Mon fils, ils n'ont plus de vin. S'il te plaît, fais quelque chose ». Mais Jésus répondit : *« Femme, qu'y a-t-il entre toi et moi ? Mon heure n'est pas encore venue »* (Jean 2 : 4). Avant toute chose, notons que la réponse du Christ à sa mère n'avait rien d'irrévérencieux. En fait, dans la culture orientale, s'adresser à une mère en l'appelant « femme » était une marque supérieure de respect. Littéralement, Jésus dit : « Mère, je ne peux pas faire ce que tu demandes. Pour moi, ce n'est pas encore tout à fait le bon moment ». Cette attitude était en relation avec l'engagement du Christ de faire exclusivement ce que son Père céleste lui signifiait. Nous savons, cependant, que l'heure de Jésus vint peu après cette conversation – lorsqu'il changea l'eau en vin, pour les convives du banquet. En effet, à cet instant-là, ce fut « l'heure » de sa démonstration de puissance. Alors, pourquoi Jésus a-t-il d'abord annoncé qu'elle n'était pas encore venue ? Je crois que c'est parce qu'au moment Marie lui a parlé la première fois, les invités au mariage avaient encore du vin dans leurs verres. Le Christ expliquait à sa mère : « Le moment de témoigner de ma puissance n'est pas encore arrivé, puisque les hôtes ne sont pas complètement privés de boisson. Mon heure vient quand il n'y a plus d'espoir – quand il n'existe plus aucune solution qui dépende de la chair. Ce doit être une opportunité de dépendance totale envers moi. Actuellement, pour moi et pour démontrer mon pouvoir, il faut attendre que les bouteilles et les coupes soient vides jusqu'à la dernière goutte. Il ne devra pas rester le moindre fond de verre quand je pourvoirai aux rafraîchissements. Tous les fûts doivent être épuisés ! »

C'est l'instant où le Christ intervient avec gloire – quand toutes nos sources sont taries ! C'est exactement ce qui s'est produit avec le peuple de Dieu, à la Mer rouge. Israël criait à Dieu, pour qu'il agisse contre leurs ennemis, les Égyptiens. Mais Dieu attendit jusqu'à ce que tout espoir dans un secours humain s'en fût allé et que tous les plans des hommes eussent échoué. Seule l'heure la plus sombre a vu Dieu se révéler.

Et il en va ainsi dans la vie des enfants de Dieu, aujourd'hui. L'heure de notre Seigneur vient lorsque nous constatons qu'il n'est rien que nous puissions faire pour modifier les circonstances. Cela se produit quand nous reconnaissons : « Je me demande de quoi je pourrais bien encore tirer un peu d'argent. Je ne sais pas ce qui nous attend, ma famille et moi. Je ne vois nulle part de revenus possibles. Humainement parlant, il n'est rien à l'horizon qui m'offre de garantie. J'ignore où investir, ou que faire au sujet de mes finances. Mais j'ai sa promesse qu'il démontrera sa puissance, pour nous garder et nous protéger, moi et ma famille. »

La démonstration du Christ, dans ces versets, n'a pas eu lieu simplement pour faire plaisir aux invités ou pour tirer d'embarras les organisateurs du banquet. Ce miracle était destiné à augmenter la foi de son cercle d'intimes – ses disciples.

Et la leçon qu'il leur a enseignée s'applique aussi à nous, aujourd'hui. Il nous dit : « Je veux que vous sachiez que ma grande passion, c'est mon peuple. Je m'inquiète de ce que vous ayez suffisamment à manger, un toit au-dessus de votre tête, et le vêtement.

Quand tout autour de vous se désagrège, c'est l'heure de vous manifester mon amour tout puissant et les attentions dont je vous entoure ! »

La terre entière est sur le point d'être recouverte par d'épaisses nuées – une heure d'un tel dénuement et d'une telle confusion que Christ seul pourra satisfaire nos besoins. Il est possible que nous soyons démunis de toutes ressources, sans aucune assistance humaine vers laquelle nous tourner. Pourtant, nous pouvons puiser le réconfort et l'assurance dans cette vérité biblique : plus les événements deviendront sombres, plus éclatante la lumière de notre Seigneur brillera. Ce temps de notre désespoir, c'est l'heure de notre Seigneur – et il pourvoira ! On peut toujours s'inquiéter : « Y aura-t-il une dépression ? Une débâcle du marché financier sera-t-elle suivie de chômage, d'épuisement des stocks, d'incertitudes, de ténèbres tout alentour ? ». Mon unique réponse est celle-ci : soyez fermes dans la foi, et sachez que l'heure de la puissance du Christ est venue !

Oui, nous pouvons faire face à la période d'obscurité la plus éprouvante de l'Histoire. Ce qui signifie également que nous allons être témoins des plus grands prodiges de tous les temps. Quand tous nos remèdes seront épuisés, nous verrons miracle après miracle de la providence, Dieu accomplissant des merveilles. Il garde le meilleur vin pour ces derniers jours – et il va veiller surnaturellement à ce que notre approvisionnement quotidien ne soit pas épuisé.

Dieu merci ! L'aurore, en cette heure la plus noire, va se lever sur nos cœurs – et elle va briller plus radieusement que jamais !

CHAPITRE TROIS

PRÉPARATION AUX TEMPS DIFFICILES :

DIEU PLACE AU PREMIER PLAN CELLE DU CŒUR

De nombreux conseillers en investissements chrétiens font circuler des bulletins, ou utilisent internet pour tenter de préparer les croyants aux temps difficiles à venir. Le plus souvent, ils préconisent que les citadins sortent des villes, achètent des terrains dans des régions reculées, creusent des puits, aménagent des entrepôts en vue du stockage et commencent à emmagasiner de la nourriture, des couvertures et toutes sortes de fournitures afin de disposer de deux à trois ans d'approvisionnement pour pallier la crise financière qui approche. Une chrétienne âgée a reçu semblables conseils de ses amis, qui agissent ainsi eux-mêmes. Il n'y a pas très longtemps, cette chère femme nous a écrit : « Pasteur David, que puis-je faire pour me préparer aux dures périodes à venir ? Je suis âgée de quatre-vingt sept ans et quatre mois, et je n'ai que des fonds limités. Il m'est impossible de faire tout ce qu'ils m'indiquent pour m'organiser. J'aimerais profondément vivre à la campagne et avoir l'eau de mon propre puits.

J'ai été élevée dans une ferme, et je sais comment vivre sans le confort moderne. Je suis issue d'une famille de douze enfants. Et j'ai toujours gardé de solides provisions sous la main, comme je l'avais appris en grandissant. Mais j'ai sans cesse placé ma confiance en Dieu d'abord, et je le prie pour recevoir sa direction. Que dois-je faire d'autre pour me préparer ? »

J'écris ce chapitre à l'intention de cette chère élue octogénaire – et pour tous les autres chrétiens des métropoles et des cités, qui ont des revenus limités, qui vivent au jour le jour, qui n'ont pas d'argent pour s'acheter des refuges, mais qui veulent être parfaitement prêts quand fondra sur eux l'holocauste financier. Laissez-moi vous communiquer ce que je crois être la pensée de Dieu, concernant les dispositions à prendre. Je veux vous montrer comment prévoir à *sa* manière, pas à la manière des hommes. Vous n'avez pas besoin d'une énorme réserve de liquidités. Et vous n'avez pas, non plus, besoin de quitter votre appartement ou votre maison pour vous reloger à la campagne (à moins que le Seigneur vous amène à le faire). Dieu a déjà un plan pour vous ! J'ai cherché le Seigneur diligemment, quant à ma responsabilité dans ma congrégation de l'église de *Times Square* à New York, face au prochain krach. J'ai prié pendant des semaines pour savoir ce que je devrais faire afin de les préparer aux temps difficiles. Un jour, je suis allé faire un tour le long d'une paisible route de campagne, ce qui me permettait d'être seul avec le Seigneur, pour mieux discerner sa voix. J'ai commencé ma promenade vers le crépuscule, et il y avait une lune étincelante sous la voûte des cieux. Tout en marchant, je réfléchissais à ce qui, je crois, va venir…

Quelques années avant la guerre du Golfe, j'ai annoncé qu'il y aurait cinq cents foyers d'incendie au Moyen-Orient. La plupart des gens ont haussé les épaules à ces mots. Mais après la guerre, il y eut précisément cinq cent trois brasiers, allumés par Saddam Hussein, qui consumaient les puits de pétrole du Koweït. Cet avertissement, et beaucoup d'autres que j'ai reçus, se sont réalisés. Si bien que, de nos jours, j'écoute attentivement quand le Seigneur me parle d'événements futurs.

Sur cette route de campagne, cette nuit-là, j'ai vu – par les yeux de l'esprit – la ville de New York en flammes. J'ai vu plus de mille feux brûlant en même temps – une image que j'avais déjà reçue auparavant. Il y avait des manifestations, des carnages, des tanks roulant dans les rues, des troupes armées de fusils qui essayaient de rétablir l'ordre. Des enragés, perdant toute retenue, assaillaient et pillaient les magasins d'alimentation.

Ensuite, et tout en poursuivant mon chemin, j'ai pensé à tous ces gens formidables et fidèles, qui sont présents à l'église de *Times Square* – des chrétiens dévoués, qui seraient happé au milieu de ce chaos. J'ai réalisé que, quand les émeutes éclateront, il n'y aura plus de vivres pour eux dans les magasins. Les sinistres informatiques les priveront de travail et de salaire. La violence urbaine pourrait les confiner dans leurs maisons, peut-être pendant des semaines. Accablé par ces évocations, j'ai dû m'accrocher à une clôture, pour me soutenir. Je me suis mis à pleurer, à crier au Seigneur : « Oh ! Mon Dieu, comment préparer tous ces gens consacrés ? Ils ne peuvent pas, simplement, tout emporter et s'enfuir de la ville. La plupart ne disposent pas de voiture, et n'ont que de faibles reenus. Ils ont tout juste de quoi payer leur loyer et leurs tickets de métro, comment pourraient-ils acheter des maisons dans le Vermont ou dans le Montana ? Ils n'ont pas de famille à la campagne, pas de cachette et très peu de place pour entasser les articles de première urgence. La plupart vivent à l'étroit dans des appartements déjà envahis par le strict nécessaire. S'il te plaît, Père, accorde-nous ton attention, et donne-nous un plan de survie. Que puis-je faire, en tant que pasteur ? Tu m'as dit de les avertir au sujet de ce qui vient. Pourquoi ne peux-tu pas m'indiquer ton programme pour nous préserver ? Que veux-tu que je dise à tes enfants ? » Le Seigneur a entendu mon cri, et il m'a donné une parole de réconfort. Il a chuchoté à mon cœur : « David, tu considères l'ensemble du problème de votre point de vue humain. Laisse-moi te montrer le mien ».

Voici donc ce que je crois être le plan de Dieu pour la survie de son peuple, dans la tourmente à venir comme dans n'importe quel orage.

Les seules dispositions dignes de confiance sont destinées au cœur, pas au corps. Si vous aimez le Seigneur, c'est là qu'elles doivent être prises.

La préparation aux événements est principalement une question spirituelle et, seulement accessoirement, un souci physique ou matériel. Si votre cœur n'est pas droit devant le Seigneur, toutes les dispositions prises pour protéger votre corps seront vaines.

Ceux qui, en ce moment même, se disposent favorablement à chercher Dieu de tout leur être – imprégnant leur cœur et leur esprit de sa Parole, et s'attachant au Christ de plus en plus – sont préparés d'emblée. Ils sont plus en sécurité et mieux protégés même que ces chrétiens qui ont engrangé, dans une quelconque terre d'asile, des vivres pour un an ou deux mais qui, hélas, ne se sont pas concentrés sur leur bien-être spirituel. Laissez-moi donc vous le prouver à partir de l'Écriture.

Quand Dieu ordonna aux enfants d'Israël d'être parés pour quitter l'Égypte à tout moment, il ne leur donna pas d'instructions concernant des stocks de nourriture, d'eau ou d'autres provisions pour leur voyage – bien que je ne voie rien de mal à s'organiser. Mais il dit simplement à Moïse de « se tenir prêt ». Il s'agissait de faire face à des temps difficiles : il conduisit ce peuple dans un désert – un désert stérile et aride – sans ressources apparentes d'aucune sorte. Il n'y avait strictement rien à faire, sans vivres et loin des sources d'eau. Au moins, en Égypte, ils disposaient de toute la nourriture dont ils avaient besoin. Mais, maintenant, l'unique chose qu'ils possédaient était une promesse de Dieu de les soutenir et de les protéger tout au long de leurs pérégrinations dans le désert.

Les seules recommandations de Dieu à Israël, étaient de nature spirituelle et concernaient les dispositions du cœur. En résumé, le Seigneur énuméra trois préceptes :

1. « Se placer sous la protection du sang ». Chaque famille devait tuer un agneau, et asperger les montants des portes de sa maison avec le sang de l'animal. Et on les rassura en leur disant de s'appuyer fermement sur le pouvoir de sauvegarde de ce sang. Aussi longtemps que le sang de l'agneau était appliqué sur les poteaux, cette famille demeurait à l'abri de l'Ange destructeur du Seigneur sur le point de frapper l'Égypte. Ainsi, par l'observance des instructions de Dieu, les Israélites étaient préservés non seulement spirituellement mais aussi physiquement. Sous le sang de l'agneau, chaque occupant de la maison – adultes, enfants, grands-parents – restait en sécurité.

Aujourd'hui et pour nous, les parallèles sont clairement établis : nous devons nous assurer que nous sommes sous le sang de l'Agneau, Jésus-Christ. Nous devons mettre notre confiance dans la puissance de rachat et de délivrance de son sang versé, et nous ancrer solidement dans ce repos par la foi.

2. « *Manger l'agneau* ». Les Israélites devaient apprendre à savourer l'agneau égorgé. Naturellement, l'agneau qu'ils mangeaient était un symbole du Christ. L'animal sacrifié représentait son corps immolé et son sang versé.

De même, à présent et alors que nous allons braver des temps difficiles, ce passage nous rappelle que nous devons nous nourrir du Christ, exactement comme les Israélites ont apprécié l'agneau selon les instructions de Dieu. Dites-moi : quel est votre festin personnel ? Fortifiez-vous votre corps spirituel en alimentant votre âme à l'aide de ses promesses, et en préservant des moments d'intimité avec lui ? Êtes-vous chaque jour un peu plus pénétré de la Parole de Dieu, parce que vous la serrez dans votre cœur ? Est-ce que vos forces spirituelles s'accroissent pour affronter l'expérience du désert qui s'étendra devant vous, quand tout ce qui est humain fera défaut ? Sinon, vous feriez mieux de commencer à le goûter pleinement maintenant, tandis qu'il est encore temps. Il est la nourriture que vous devez assimiler !

3. « *Être prêts à partir à tout moment* ». Israël devait être paré à tout laisser derrière lui à la première injonction, à abandonner ce qui était confortable et sécurisant. Aussi, quand enfin l'heure du départ sonna, ils n'emportèrent que la pâte à pain sans levain. Ils avaient juste de quoi tenir quelques jours. Le Seigneur les instruisit : « Vous devrez

apprendre à me faire confiance – à remettre entièrement votre bien-être et votre avenir entre mes mains. » Il en va de même pour nous, aujourd'hui. Nous ne devons pas être attachés à qui que ce soit ou quoi que ce soit d'autre. Nous devons plutôt être enclins à croire que Dieu prend véritablement soin de notre vie d'une manière que nous n'avions jamais réalisée auparavant. Les yeux fixés sur l'éternité, nous devons avoir à l'esprit la nouvelle Jérusalem pour patrie. Nous devons accepter de tout perdre et déposer, en parfaite confiance, nos vies, familles et futur dans les mains prévenantes de notre Seigneur.

Cette attitude est illustrée, dans l'Écriture, par l'image de l'épouse du Christ. Dieu nous a choisis : son Église triomphante pour épouse destinée à son fils. Elle parle en son nom, elle est mise à part, elle est promise en mariage à Jésus : « *qui se l'est acquise par son propre sang* » (Actes 20 : 28). Quel devrait être le pôle d'attraction de cette fiancée ? Elle devrait se concentrer uniquement sur les préparatifs de son mariage – s'apprêter à demeurer avec son Bien-aimé.

Malheureusement, je crois que le cœur de Dieu s'afflige de la piètre condition spirituelle de l'épouse de son Fils. Car hélas, beaucoup – parmi les membres de l'épouse du Christ – n'ont d'yeux que pour d'autres amoureux. Ils se sont corrompus, dans leur prédilection pour ce monde et ses attraits. Et leurs habits de noces sont salis et souillés. L'apôtre Paul écrit : «…*comme le Christ a aimé l'Église et s'est livré lui-même pour elle, afin de la sanctifier après l'avoir purifiée par l'eau et la parole, pour faire paraître devant lui cette église glorieuse, sans tache ni ride, ni rien de semblable, mais sainte et sans défaut* » (Éphésiens 5 : 25-27). Il l'exprime clairement : « Nous devons être saints pour notre époux – sans tache, ride ni imperfection ! »

Nous sommes censés prendre des dispositions pour laisser ce monde à son péché maudit, afin de vivre avec Jésus – et non pas nous cramponner sans cesse aux choses vaines.

Vous n'êtes pas vraiment des amoureux de Jésus, si vous ne procédez pas à des préparatifs quotidiens dans le but de le rencontrer !

Dans l'Apocalypse, il est question d'un peuple saint qui descend du Dieu des cieux, paré comme une jeune mariée.

« *Et je vis descendre du ciel, d'auprès de Dieu, la ville sainte, la nouvelle Jérusalem, prête comme une épouse qui s'est parée pour son époux* » (Apocalypse 21 : 2).

La ville sainte, dont Jean parle ici, c'est Sion – et elle se compose de victorieux, de spirituels enfants de Dieu. Ils sont assis avec le Christ dans les lieux célestes. Ils passent beaucoup de temps seuls avec leur Seigneur, cherchant sa face. Et chaque fois qu'ils émergent du lieu secret où ils priaient, comme Jean le dit, c'est comme s'ils : « descendaient du ciel, d'auprès de Dieu » – là même où ils étaient avec lui. Cette « confrérie de l'épouse », que constituent des croyants, ne puise ailleurs aucun plaisir. Leurs affections ne reposent pas dans les choses matérielles ; bien plutôt, leurs cœurs sont toujours là où est leur Seigneur. Ils sont peut-être relativement peu nombreux, mais ils n'ont d'yeux que pour Jésus seul. Il exerce une attraction magnétique sur leur âme, qui les attire en sa présence. Chaque matin, ils se lèvent en pensant : « Seigneur, je te remercie pour ma famille, mon travail et tout ce que tu m'as donné. Mais je sais que, sur cette terre, rien n'est fait pour durer. Mon cœur n'est pas ici. Il est avec toi, Jésus ! » Les saints qui composent l'épouse triomphante du Christ aujourd'hui ne se préparent pas à sauver leur peau dans un ouragan. Leurs préparatifs les plus importants concernent le départ pour un grand festin de noces. Cette jeune mariée se pare elle-même, s'apprête elle-même, se purifie elle-même par la foi. Elle met son cœur en ordre, le laissant soupirer après son Bien-aimé. Son cœur n'est plus lié à quoi que ce soit ici bas, parce qu'elle veut seulement vivre avec son époux !

Quelle splendide, merveilleuse image de l'œuvre qui se poursuit en permanence dans le corps de l'épouse de Jésus, sur terre. Hélas, je me demande combien d'autres chrétiens se mettent plus activement au travail quand il s'agit de prendre des arrangements en vue de leur récréation physique! Leur attention est entièrement focalisée sur la nécessité de toujours posséder davantage, afin de surmonter la crise financière. Ils n'apprécient pas l'Agneau ; alors ils sont soumis à la tension nerveuse, dans leurs efforts pour combattre la rigueur des temps. Ils abrutissent leurs cœurs avec les obscénités de ce monde, parce qu'ils se sont polarisés sur ses pratiques. Et maintenant, ils ne forment plus un peuple spirituel, mais bien plutôt un peuple charnel et sensuel! Il doit y avoir une incommensurable affliction dans le ciel, devant ces multitudes qui gaspillent leur énergie à s'assurer que leur destin temporel est affermi. Notre Seigneur doit dire : « Oh ! Si seulement vous pouviez m'honorer avec autant de fougue – si, dans votre cœur, vous pouviez composer des apartés aussi subtils, rien que pour moi ! »

Je ne suis pas opposé à ceux qui conseillent aux chrétiens de prendre des mesures pratiques, en vue de la calamité.

À première vue, il tombe sous le sens de disposer de réserves d'eau et de nourriture, ainsi que de prendre toutes les précautions auxquelles Dieu vous amène.

Parmi ceux qui prônent les préparatifs sous cette forme, nombreux sont les croyants qui citent un texte des Proverbes : « *L'homme prudent voit le malheur et se cache, mais les simples passent outre et en sont punis* » (Proverbes 22 : 3). Ils soutiennent que, parce que ce même verset est répété plus loin (Proverbes 27 : 12), il est sans aucun doute important d'agir conformément. Et ça l'est.

Pourtant, je crois que ce passage s'applique encore plus à la préparation spirituelle que physique. En utilisant un langage similaire, Ésaïe écrit : « *Chacun sera comme un abri contre le vent et un refuge contre la tempête, comme des courants d'eau dans un lieu desséché, comme l'ombre d'un roc massif dans une terre épuisée* » (Ésaïe 32 : 2). En fait, le prophète fait ici référence au Christ, en ce qu'il informe, en substance : « *Si vous êtes prudents et sages, vous vous placerez sous la protection du sang de Christ. Vous vous cacherez en lui, établirez votre foi sur lui et mettrez toute votre confiance en lui ».

Beaucoup de croyants ont remis leur destinée éternelle entre les mains du Seigneur – mais ils n'en ont pas tous fait autant avec leur destin séculier. Si les seules dispositions, que vous appliquez au futur, intéressent votre sécurité personnelle, vous êtes partis pour des périodes très rudes. Pensez-y : quelles quantités pouvez-vous stocker, et pendant combien de temps ? Il semble raisonnable de prévoir quelques mois de subsistance – mais, si vous emmagasinez des marchandises pour une année ou deux, et que les temps difficiles en durent trois ? Quelques économistes prévoient que le cauchemar économique que nous allons traverser sera très long – et je suis d'accord avec eux. Alors, s'il persiste huit, dix, douze ans, ou même davantage ? Il n'y a tout bonnement aucune solution satisfaisante, en matière de sécurité, pour anticiper convenablement ce qui se prépare. Naturellement, Dieu dirigera les siens en leur montrant que faire, comment agir sagement et mettre de côté l'essentiel. Mais ce ne devrait jamais devenir l'obsession de l'épouse du Christ.

Je vous assure que si vous prenez des dispositions spirituelles – en mettant votre cœur en ordre, en agissant contre le péché, en appelant le Seigneur avec plus d'intensité, en faisant confiance à sa Parole, en affermissant votre foi – alors, vous serez parfaitement organisés. Vous pourrez surmonter dépression, pertes et privations, catastrophes tout alentour. Vous pourrez faire face aux inondations, à la fournaise ardente, à la persécution, aux mauvaises récoltes, aux sécheresses, aux carences, aux maladies. Mais, surtout, vous entendrez la trompette de Dieu quand sonnera la dernière heure. Vous serez prêts pour entrer au festin des noces, et pour vous unir au Christ !

Dieu a pris l'engagement de garder et de protéger ceux qui restent fidèles dans son amour.

Je crois que l'engagement de Dieu envers nous inclut le secret de la parfaite paix, quelque orage qui puisse survenir. Il a fait, pour la première fois, cette alliance avec Abraham. L'Écriture nous dit : «...*La parole de l'Éternel fut adressée à Abram, dans une vision, en ces termes : "Sois sans crainte, Abram! Je suis moi-même ton bouclier, et ta récompense sera très grande"* » (Genèse 15 : 1). « Bouclier », dans ce verset, signifie « protecteur, haute muraille ». Quelle promesse étonnante! Dieu attestait ainsi à Abraham : « Où que tu ailles, quoi que tu affrontes, tu ne dois jamais avoir peur. Je suis tout ce dont tu auras jamais besoin ». En outre, l'expression « très grande récompense » ici, signifie : « salaire, compensation, avantages, bénéfices ». Dieu promettait à Abram, et il n'était pas avare de paroles : « Non seulement je vais te protéger, mais je prendrai aussi soin de tes besoins physiques. Je serai ton guide, ton trésorier. Ce que tu recevras viendra de ma main. Tout ce que tu dois faire, c'est marcher avec droiture devant moi, placer ta confiance en moi et m'aimer de tout ton cœur. Si tu pratiques ces choses, je pourvoirai à toutes les nécessités de ta vie quotidienne ».

Dieu a également fait cette alliance avec le fils d'Abraham : Isaac, et avec le fils d'Isaac : Jacob, et puis avec tout Israël. Finalement, elle a été conclue avec toute la « semence d'Abraham ». Naturellement, la race d'Abraham se compose de tous ceux qui vivent et demeurent en Jésus-Christ, marchant par la foi sous son sang rédempteur : «...*ce ne sont pas les enfants de la chair qui sont enfants de Dieu, mais ce sont les enfants de la promesse qui sont comptés comme descendance* (d'Abraham) » (Romains 9 : 8). « *Reconnaissez-le donc : ceux qui ont la foi sont fils d'Abraham* » (Galates 3 : 7). Si vous avez, en permanence, confiance en Jésus comme Seigneur et Sauveur, vous reposant sur lui par la foi, alors vous êtes la semence d'Abraham. Vous vous demandez : « En quoi est-ce si important, d'être de la race d'Abraham? Pourquoi cette question devrait-elle tellement me préoccuper? » C'est important, parce que Dieu a pris cet engagement éternel – d'être un bouclier, un protecteur, une haute muraille – envers Abraham et sa descendance. Et, en tant qu'enfants d'Abraham, nous devons nous réclamer de cette alliance par la foi. Nous devons étendre la revendication aux mêmes puissance, affranchissement et protection, que Dieu a promis à Abraham. Puisque Dieu a fait vœu de garder la semence d'Abraham par sa grâce et sa puissance, aucun croyant ne doit plus jamais avoir peur ! Certainement, cette alliance nous couvre aussi aujourd'hui. La Bible indique : « *Il se souvient toujours de son alliance, de sa parole pour mille générations, de l'alliance qu'il a conclue avec Abraham, et de son serment à Isaac* » (Psaume 105 : 8-9). « *Il l'a établi comme une prescription pour Jacob, pour Israël en alliance éternelle* » (Psaume 105 : 10). Comment pourrions-nous être mieux protégés que sous le serment de l'alliance de Dieu, qui nous garde et pourvoit à chacun de nos besoins, dans les temps les plus difficiles ? Et tout ce que nous devons faire, en retour, c'est l'aimer. Écoutez encore la Parole de Dieu à ce sujet : « *J'en prends aujourd'hui à témoin contre vous le ciel et la terre : j'ai mis devant toi la vie et la mort, la bénédiction et la malédiction. Choisis la vie, afin que tu vives, toi et ta descendance, pour aimer l'Éternel, ton Dieu, pour obéir à sa voix et pour t'attacher à lui : c'est lui qui est ta vie et qui prolongera tes jours, pour que tu habites le territoire que l'Éternel a juré de donner à tes pères, Abraham, Isaac et Jacob* » (Deutéronome 30 : 19-20).

Dieu nous rassure comme il a rassuré Israël : « Qu'importe ce qui se produit autour de vous. Je vous bénirai de toutes les manières. Je serai votre sécurité ! ».

Après avoir lu et entendu parler de l'engagement de Dieu à être un bouclier, protéger et garder son peuple, beaucoup de chrétiens ne peuvent pas encore accepter certains passages de la Bible.

Beaucoup de chrétiens croient que le texte suivant, dans l'Écriture, va directement à l'encontre de toutes les promesses de l'alliance de Dieu : « *D'autres éprouvèrent les moqueries et le fouet, bien plus, les chaînes et la prison. Ils furent lapidés, mis à l'épreuve, sciés, ils furent tués par l'épée, ils allèrent çà et là, vêtus de peaux de brebis et de peaux de chèvres, dénués de tout, opprimés, maltraités – eux dont le monde n'était pas digne ! – errants dans les déserts, les montagnes, les cavernes et les* antres de la terre. Et tous ceux-là, qui avaient reçu par leur foi un bon témoignage, n'ont pas obtenu ce qui leur avait été promis. Car Dieu avait en vue quelque chose de meilleur pour nous, afin qu'ils ne parviennent pas sans nous à la perfection » (Hébreux 11 : 36-40).

Quelques personnes, en lisant ces versets, ne peuvent s'empêcher de se demander : « Où donc était la protection divine, pour ces croyants dans les tourments ? Où était la haute muraille ? Ils ont tous aimé le Christ passionnément. Et ils ont été martyrisés pour lui… »

Nous devons accepter le fait que la souffrance va devenir encore bien plus terrible, dans le corps du Christ, jusqu'à l'avènement de Jésus. Jean dit, de ceux qui seront suppliciés :

« *Quand il ouvrit le cinquième sceau, je vis sous l'autel les âmes de ceux qui avaient été égorgés à cause de la parole de Dieu et du témoignage rendu. Ils crièrent d'une voix forte : "Jusques à quand, Maître saint et véritable, tardes-tu à faire justice et à venger notre sang sur les habitants de la terre ?" Une robe blanche fut donnée à chacun d'eux, et il leur fut dit de se tenir en repos quelque temps encore, jusqu'à ce que soient au complet leurs compagnons de service et leurs frères qui allaient être mis à mort comme eux* » (Apocalypse 6 : 9-11). Voici un avertissement solennel à l'Église du Christ : beaucoup vont être massacrés, à la gloire de leur Seigneur, d'ici la fin des temps. Naturellement, aucun de nous ne veut entendre ce genre de nouvelles. Mais nous pouvons être certains que cela se produira, exactement comme l'Écriture le révèle.

Dans un cahier missionnaire que j'ai reçu, j'ai vu récemment un exemple de ces exactions. Le bulletin racontait la persécution horrible subie par des chrétiens chinois en Indonésie. Les agences de presse ont rendu compte des émeutes, au cours desquelles ces Chinois ont été tués, mais les rapports n'ont pas mentionné que beaucoup l'avaient été en raison de leur foi chrétienne. Plus de 1 500 ont été sauvagement assassinés, et de nombreuses femmes ont été violées. Alors même que j'écris ces lignes, la persécution continue. Ceux mentionnés dans l'épître aux Hébreux et l'Apocalypse, qui furent soumis à des supplices abominables, faisaient partie d'un peuple déterminé ; ils étaient très particuliers aux yeux du Seigneur. Je crois qu'ils étaient si fort unis au Christ que leurs cœurs se trouvaient déjà dans la gloire, avec lui. C'est pourquoi ils se sont réjouis, au delà de toute expression, de ce qui leur procurait un acheminement rapide à son côté. L'Écriture témoigne que ces derniers étaient « *égorgés à cause de la parole de Dieu et du témoignage rendu* » (Apocalypse 6 : 9). Pour ces saints, il importait peu de vivre ou de mourir. Même si Dieu ne les arrachait pas à la mort, ils n'allaient pas compromettre leur témoignage. La Bible précise qu'ils ont même préféré ne pas être délivrés, et qu'à la place ils ont reçu « *une meilleure résurrection* ». Je crois que le martyre de cet ordre est réservé pour un peuple spécifique. Comme l'auteur de l'épître aux Hébreux l'écrit, le monde n'est simplement pas digne d'eux. Le martyre est un appel spécial, pour un peuple choisi. Pourtant nous, qui ne serons probablement pas torturés, nous devrions le prendre à cœur.

Dieu aime les timorés, comme vous et moi, tout autant qu'il aime ceux qui sont exterminés pour leur foi. Notre Seigneur a suffisamment de serviteurs prêts à accepter l'immense honneur de souffrir pour lui, jusqu'à la mort même ; il n'a pas besoin d'inviter le lâche ou le craintif. Et son engagement tient toujours, pour tous ses enfants. Ses promesses sont encore vraies ! Même si nous faisons face dans l'avenir à la persécution et à la mort, notre Seigneur nous donnera toute la grâce dont nous avons besoin, et dans l'heure où nous en aurons besoin. Et, puisque nous nous en irons à sa rencontre, nous connaîtrons l'expérience la plus bénie de notre existence. Nous sortirons, criant et louant Dieu, parce que nous aurons été glorieusement ravis et investis par sa grâce. C'est ici une promesse divine de délivrance, parfaitement accomplie, et de telle façon que nous serons rapidement transportés en sa présence et dans sa gloire. Ainsi donc, il n'y a rien à craindre !

CHAPITRE QUATRE

LA SAUVEGARDE DE SION :

PROMESSES DE DIEU DE PROTÉGER ET DE PRÉSERVER SON PEUPLE

Jésus a dit que des temps difficiles viendraient – des périodes effrayantes de troubles et de calamité. Mais au delà de ces crises terribles, il y a de bonnes nouvelles, pour les élus de Dieu – des nouvelles pleines d'espoir, et passionnantes. Et je crois qu'une fois que nous nous serons emparés de ces informations, nous n'aurons plus le souci d'appréhender les prochains événements ou de connaître l'avenir en détail. Mais alors, nous pourrons nous reposer et jouir d'une parfaite paix, en raison de la parole que Dieu nous apporte.

Même pendant que j'écris, un certain nombre de conférences qui traitent des prophéties ont lieu partout dans le monde, attirant des multitudes de chrétiens. Plusieurs d'entre eux sont littéralement intoxiqués, « accros » aux dernières théories sur les événements prédits dans l'Écriture. Mais, finalement, cet effort d'imagination conduira tout simplement les gens à tourner en rond. Je ne crois pas qu'un seul chrétien soit censé puiser un instant de paix dans la connaissance exacte de l'avenir. Jésus lui-même dit que nous n'avons à craindre aucune éventualité, aussi dévastatrice qu'elle puisse paraître : « *Quand cela commencera d'arriver, redressez-vous et levez la tête, parce que votre délivrance approche* » (Luc 21 : 28). Je crois que nous devons prendre ces paroles du Christ au sens littéral. Nous devons chercher le Seigneur, et lui seul, afin de trouver l'espoir pour son Église dans ces derniers jours. D'ailleurs, j'en suis convaincu : ce que nous avons besoin de savoir, concernant l'avenir, se résume en une vérité toute simple :

Dieu a fait une promesse à toute épreuve celle de protéger et de préserver Sion !

Qu'est-ce que Sion ? Dans ce chapitre, je veux vous démontrer que Sion est l'Église triomphante de Jésus-Christ – et que les « promesses à Sion » de Dieu nous appartiennent, à nous qui croyons. Je vais donc vous montrer certaines des extraordinaires promesses d'affranchissement et de protection que Dieu a dispensées à Sion. L'Écriture révèle que Sion (ainsi qu'Israël est parfois nommé dans l'Ancien Testament) est l'Église des derniers jours – un peuple de Dieu, racheté par le sang et marchant dans la justice du Christ, qu'il soit juif ou gentil (*goy*). En résumé, si vous êtes en Christ, alors vous êtes citoyens de cette nation spirituelle appelée Sion. Cependant, les docteurs et prédicateurs de la Bible n'y croient pas tous. Certains estiment que Sion représente seulement la ville de David, dans l'Israël d'autrefois – un secteur géographique, ayant existé à une certaine époque, rien de plus. Par conséquent, affirment ces enseignants, les promesses que Dieu a faites à Sion sont des vérités de l'Ancien Testament, qui ne se relient pas du tout à l'Église d'aujourd'hui mais seulement à la nation d'Israël placée sous l'ancienne alliance. Pourtant les Ancien et Nouveau Testaments établissent clairement que ce sont là deux « Sion » (ou Israël) – l'Israël naturel, qui existe sur terre, et l'Israël spirituel. Cette vérité est attestée, dans l'Ancien Testament, par les deux noms d'un patriarche – son nom courant et charnel : Jacob, et son nom régénéré et spirituel : Israël. Nous voyons également deux « Sion » ou « Israël » mentionnés dans le Nouveau Testament.

L'un d'entre eux est « *Israël selon la chair* » d'après Paul (voir 1 Corinthiens 10 : 18). Il s'agit de la nation historique d'Israël – des gens qui sont Juifs en vertu de la naissance, de la lignée normale et de l'héritage ethnique. En revanche, poursuit l'apôtre, il y a l'autre Israël : celui qu'il appelle « *l'Israël de Dieu* » (Galates 6 : 16). Les Juifs visés ici ne peuvent pas être des Juifs ordinaires parce que, dans ce contexte, Paul parle de personnes qui sont devenues de nouvelles créatures en Christ (voir Galates 6 : 15). Pour souligner cette différence, Paul écrit : « *Car tous ceux qui descendent d'Israël ne sont pas Israël* » (Romains 9 : 6). Ce qui veut dire que tous ceux qui sont nés selon la chair, dans la nation d'Israël, ne font pas forcément partie des enfants spirituels de Dieu. Rappelez-vous ce verset : «...*ce ne sont pas les enfants de la chair qui sont enfants de Dieu, mais ce sont les enfants de la promesse qui sont comptés comme descendance* (d'Abraham) » (Romains 9 : 8). Seuls, ceux qui viennent à Dieu par la foi en Christ, sont vraiment les enfants d'Abraham. La vie de Jacob en est une métaphore, puisqu'il reçut son nom régénéré ou spirituel d'Israël seulement par la foi dans la grâce de Dieu. « *Reconnaissez-le donc : ceux qui ont la foi sont fils d'Abraham* » (Galates 3 : 7). Les enfants d'Abraham sont ceux qui, par la foi, ont accepté Jésus-Christ comme roi et Seigneur. Or, Dieu a octroyé des promesses spéciales, à la semence spirituelle d'Abraham, qui ne sont pas concédées à la race naturelle.

Nous voyons également des références à deux « Sion » à propos de la ville de Jérusalem. Dans le Nouveau Testament, « Jérusalem » s'écrit « Sion ». Cette Jérusalem n'a rien à voir avec la ville du même nom, située au Moyen-Orient. Plutôt, Paul écrit : « *Agar, c'est le Mont Sinaï en Arabie – et elle correspond à la Jérusalem actuelle, car elle est dans l'esclavage avec ses enfants. Mais la Jérusalem d'en haut est libre, c'est elle qui est notre mère* » (Galates 4 : 25-26). Les disciples de Jésus appartiennent à cette autre Jérusalem – la Jérusalem spirituelle. Et la Bible précise que cette nouvelle Jérusalem est céleste, peuplée par ceux qui ont obtenu la citoyenneté, par la foi en Christ : « *J'écrirai sur lui* (le vainqueur) *le nom de mon Dieu et celui de la ville de mon Dieu, la nouvelle Jérusalem qui descend du ciel d'auprès de mon Dieu…* » (Apocalypse 3 : 12). Si vous êtes chrétiens, alors vous êtes des Juifs spirituels – citoyens de Sion ! Selon le psalmiste : « *Mais, de Sion, il est dit : "Tous y sont nés, et c'est lui, le Très-Haut, qui l'affermit." L'Éternel compte en inscrivant les peuples : "C'est là qu'untel est né"* » (Psaume 87 : 5-6).

Tout bien considéré, cette nation n'est pas ma maison. Je remercie Dieu de mon héritage américain, et je suis sincèrement patriote. Mais ma maison est en « Sion la spirituelle », la nouvelle Jérusalem. Et je ne peux pas y entrer autrement qu'en étant « né de nouveau » en Jésus-Christ. Dieu a fait de moi un *« Sionien »* par la foi !

Ésaïe nous apporte la preuve formelle de ce que Sion est composée d'un peuple spirituel : « *Sion sera rachetée par le droit, et ceux qui se convertiront par la justice* » (Ésaïe 1 : 27).

Nous savons que toute la justice est renfermée en Christ. Et, quand nous sommes nés de nouveau par la foi en lui, nous avons été faits citoyens de Sion par sa justice. En outre, Ésaïe déclare que Sion s'appellera « *ville de l'Éternel, Sion du Saint d'Israël… je ferai de toi un objet de fierté pour toujours, un sujet de réjouissance de génération en génération* » (Ésaïe 60 : 14-15). Une « ville éternelle » ne peut pas être une ville ordinaire, comme Jérusalem, qui est bâtie en Israël – parce que la Bible stipule que toute la création terrestre doit être consumée. La seule ville, qui puisse vraiment être qualifiée d'éternelle, est la cité de Dieu. Et cette cité, c'est la Sion spirituelle ! Mais attention, notez cependant que la Sion spirituelle n'est pas purement et simplement céleste. Si nous sommes « en marche vers Sion », selon les termes du cantique, ce n'est là qu'une image partielle – parce que nous vivons déjà en Sion ! Sion est l'Église vivante et triomphante de Jésus-Christ ; elle se trouve bien sur la planète Terre, et elle est constituée de croyants de toutes les nations, races et langues, Juifs nés de nouveau et Gentils (*goyim*). Nous composons la cité de notre grand Dieu, la montagne de sa sainteté, la joie de toute la terre. Enfin, parce qu'il y a deux sortes de Sion, il y a aussi deux sortes de Juifs : des Juifs nés de la chair et des Juifs spirituels. Le Juif spirituel est reconnu pour destinataire des promesses de Dieu à Sion : « *Le Juif, ce n'est pas celui qui en a les apparences ; et la circoncision, ce n'est pas celle qui est apparente dans la chair. Mais le Juif, c'est celui qui l'est intérieurement ; et la circoncision, c'est celle du cœur, selon l'esprit et non selon la lettre. La louange de ce Juif ne vient pas des hommes, mais de Dieu* » (Romains 2 : 27-28). Grâce à l'œuvre du Christ, ce « Juif spirituel » est au bénéfice des promesses glorieuses de Dieu. Bien entendu, l'Israël naturelle conserve toujours les engagements de bénédictions à venir, mais toutes ces faveurs dépendent du retour au vrai Messie, Jésus-Christ. (Aucun authentique chrétien n'a perdu espoir, en ce qui concerne l'Israël naturel. Dieu maintient son plan de restauration, pour Sion selon la chair !) Permettez-moi de marquer une pause, le temps de vous rassurer : ce long aparté touchant à la Sion spirituelle, l'Israël spirituel, la Jérusalem spirituelle et les Juifs spirituels ne relève pas d'une certaine interprétation fantaisiste de la vérité biblique. Ce n'est pas seulement une supposition théologique ou un argument doctrinal. Mais Dieu nous l'a plutôt dévolu comme une vérité fondamentale, par laquelle nous puissions vivre. En faisant de nous sa Sion spirituelle, il prescrit que nous n'ayons jamais à nous demander : « Comment Dieu prendra-t-il soin de moi, dans les temps difficiles ? Comment protégera-t-il ma famille de l'holocauste financier ? Comment préservera-t-il son Église, quand tout commencera à tomber en morceaux ? ». Nous sommes sur le point de recevoir notre réponse à toutes ces questions – au travers de toutes les promesses de Dieu à Sion !

Ci-dessous, à votre intention, quelques-unes des nombreuses promesses de Dieu à Sion pour sa protection et sa sauvegarde :

Si vous êtes citoyens de Sion, nés de nouveau, chacune de ces promesses est pour vous ;

• *Dieu promet d'assurer la protection et la défense de Sion à chaque orage ou crise.*

Le psalmiste écrit : « *Dieu, dans ses donjons* (ceux de Sion) *est connu pour une haute retraite* » (Psaume 48 : 4). Et nous lisons aussi : « *L'Éternel créera, sur toute l'étendue de la montagne de Sion et sur ses assemblées, une nuée et de la fumée pendant le jour, et l'éclat d'un feu embrasé pendant la nuit ; car tout ce qui est glorieux sera mis à couvert. Il y aura un abri pour donner de l'ombre contre la chaleur du jour, pour servir de refuge et d'asile contre l'orage et la pluie* » (Ésaïe 4 : 5-6).

Dans ces passages, Dieu nous dit : « Je vous ferai connaître, à vous les habitants de Sion (petits ou grands, riches ou pauvres) que, si vous me faites simplement confiance, je serai votre protection ! ». Quand la tempête économique va lâcher sa fureur sur l'Amérique et le reste du monde, nous allons endurer des torrents terrifiants d'angoisse et de douleurs. Pourtant, ceux qui demeurent en Sion, recevront des conseils quotidiens du Seigneur. Il sera comme le toit d'un abri, sous la terrible pluie des châtiments !

• *À Sion, Dieu promet qu'elle n'aura plus jamais à s'enfuir devant ses ennemis.*

Le Seigneur veut que nous sachions que, même lorsque les rues de nos villes et les routes départementales seront saturées de voitures pare-choc contre pare-choc, freinées dans leur tentative de fuite, nous n'aurons rien craindre.

« *C'est pourquoi ainsi parle le Seigneur, l'Éternel : "Me voici ! J'ai mis pour fondement en Sion une pierre, une pierre éprouvée, une pierre angulaire de prix, solidement posée ; celui qui la prendra pour appui n'aura pas hâte de fuir"* » (Ésaïe 28 : 16).

Quelle merveilleuse promesse Dieu nous fait ici : « Grâce à ce que j'ai fait pour vous, vous n'aurez pas à vous sauver en toute hâte – ni dans les montagnes, ni dans les déserts, ni même à la campagne.

Je serai avec vous ! » Dieu a pris cet engagement envers son peuple à une époque où les jugements redoutables frappaient partout alentour. La société indolente, florissante, d'Israël se fanait comme une fleur sur son déclin. Alors une tornade destructrice s'abattit soudainement sur la terre comme « fléau débordant », balayant au loin les mensonges et l'hypocrisie. Les gens se dispersaient dans toutes les directions, cherchant désespérément des cachettes. Mais les justes (NDLT. Segond : « le reste » et Darby : « le résidu » de Dieu) étaient en sécurité dans Sion, fondée sur un rocher. Si vous êtes en Sion, alors vous avez trouvé votre asile, votre refuge. Tous ceux qui suivent le Christ – se reposant dans sa fidélité, se confiant en sa bonté – ne seront jamais talonnés par la crainte. Il est un rocher, non seulement pour ceux qui vivent dans de paisibles campagnes relativement sûres, mais aussi pour ceux qui habitent au milieu des cités : « *Ceux qui se confient en l'Éternel sont comme la montagne de Sion, qui ne chancelle pas, elle subsiste à toujours* » (Psaume 125 : 1).

Il n'y a pas très longtemps, le maire de New York a préconisé que la ville dépense 15 à 20 millions de dollars pour construire un Quartier Général, profondément enfoui en sous-sol, où les fonctionnaires et la police de la ville se regrouperaient en cas de catastrophe imminente. Ce centre de commande devrait être creusé dans la roche sur laquelle repose l'île de Manhattan. Dans l'esprit du maire, ce serait un ultime rempart pour les dirigeants.

Pourtant, même ce style de retraite – c'est, apparemment, le meilleur qui soit réalisable techniquement – ne pourrait jamais être comparé à l'abri qu'offre le rocher de Sion.

Moïse dit : « *Leur rocher n'est pas comme notre Rocher, nos ennemis en sont juges* » (Deutéronome 32 : 31). Quand Dieu secouera la terre, tout refuge fait de main d'homme vacillera. Mais le Rocher de Sion ne peut pas être ébranlé, parce que c'est le Christ lui-même. Il est un rocher qui a été éprouvé, et qui reste une base sûre !

• *Dieu a promis de subvenir, pour Sion, à tous les besoins essentiels de la vie dans les plus dures des périodes.*

« Oui, l'Éternel a choisi Sion, il l'a désirée pour son habitation : C'est mon lieu de repos à toujours ; j'y habiterai, car je l'ai désirée ; je comblerai de bénédictions ses ressources, je rassasierai de pain ses pauvres ; je revêtirai de salut ses sacrificateurs, et ses fidèles pousseront des cris de joie » (Psaume 132 : 13-16).

Je veux seulement établir à quel point les ressources de Dieu nous sont clairement définies et spécifiques. Le mot hébreu pour « ressources », dans ce verset, signifie : « déjeuner, venaison, approvisionnements, épicerie ». Et le mot hébreu pour « pain » n'a pas que cette seule signification, non plus que celle de « grain pour faire de la farine », mais aussi : « viande, fruit ». De sorte que Dieu s'oblige, ici : « Aussi ardues que les circonstances puissent être, je vais prendre pour vous des dispositions personnalisées. Je vous approvisionnerai assez pour survivre à n'importe quelle crise. Vous serez tellement stupéfaits que vous en chanterez de joie ! ».

Un jeune pasteur de mes amis, dans le sud, m'a parlé d'un miracle survenu un jour de *Thanksgiving* (NDLT : aux États-Unis, "Jour d'actions de grâces" qui se fête le 4ᵉ jeudi de novembre) et auquel il a participé. Il dirige un centre social pour toxicomanes et alcooliques, et il a aussi un ministère à destination des malheureux et des indigents. Pendant les récentes vacances et en compagnie d'un ami, il faisait du porte-à-porte pour distribuer des dindes et des paniers d'épicerie, dans un quartier voisin réputé le plus pauvre parmi les pauvres. Quand il ne leur resta plus qu'un seul panier, ils prièrent : « Seigneur, conduis-nous auprès de quelqu'un qui a intercédé pour avoir de la nourriture. Nous voulons voir un miracle. Montre-nous comment tu prends divinement soin de ceux qui te font confiance. » Dans la foi que l'Esprit de Dieu les dirigeait, ils reprirent un chemin de terre, qu'ils suivirent jusqu'à ce qu'ils soient parvenus à une petite cabane délabrée. Ils s'arrêtèrent, posèrent les présents devant la porte d'entrée et frappèrent. Ils entendirent, à l'intérieur, la voix grave d'un homme âgé : « Entrez ! » Les deux pasteurs s'avancèrent et virent un vieillard assis dans un fauteuil roulant. Il tenait une Bible sur ses genoux. Mon ami le salua : « Monsieur, nous sommes chrétiens, et nous constatons que vous l'êtes aussi. Nous ne voudrions en aucune façon vous embarrasser, mais nous croyons que Dieu nous a conduits ici pour vous donner cette dinde et quelques aliments. Les voulez-vous ? » Les yeux de l'homme se remplirent de larmes, et un grand sourire éclaira son visage. Il cria, dans la salle voisine : « Je te l'avais dit – ma fille – que Dieu pourvoirait à notre repas de *Thanksgiving* ! Je t'avais dit qu'il le ferait, je te l'avais dit. Loué soit son nom ! » Ce monsieur était un prédicateur à la retraite et un homme de prière. Il témoigna à mon ami de ce que, tout au long de sa vie, Dieu n'avait jamais manqué de subvenir à ses besoins. C'est ce que Dieu veut nous dire : « *Je rassasierai de pain ses pauvres* ».

• **Dieu promet de sauver Sion, dans les temps difficiles, au moyen de miracles créateurs.**

C'est un des serments les plus impressionnants, dans la Parole de Dieu : « *Après que le Seigneur aura lavé les ordures des filles de Sion, et nettoyé Jérusalem du sang qui est au milieu d'elle, par le souffle du droit et par le souffle de la destruction, l'Éternel créera, sur toute l'étendue de la montagne de Sion et sur ses assemblées, une nuée et de la fumée pendant le jour, et l'éclat d'un feu embrasé pendant la nuit* » (Ésaïe 4 : 4-5).

Remarquez la première partie de ce verset. Dieu fait cette promesse à un peuple qui a été lavé de toutes souillures – qui a été absout de ses péchés par la puissance de jugement de sa Parole et le feu consumant de son Saint-Esprit. Vous constaterez que cette promesse n'est pas pour de prétendus chrétiens, qui aiment Jésus en paroles mais pas en actes. Non, cet engagement est efficace uniquement pour ceux qui sont pleinement consacrés au Christ – qui ont renoncé à leurs mauvaises actions et marchent dans sa sainteté. Lisez le verset précédent :

« ... *Celui qui restera en Sion et celui qui sera laissé à Jérusalem, seront appelés saints* » (Ésaïe 4 : 3). Le prophète ne se réfère pas ici à la béatitude ou à la vertu, telle que définie juridiquement par le droit canon. Il parle d'une pleine reddition à la suzeraineté du Christ – en recevant, par la foi, sa justice parfaite et en permettant au Saint-Esprit de mortifier les œuvres de la chair. Dieu offre cette convention à chaque foyer de la Sion spirituelle.

Il dit à ses bien-aimés : « Dans chaque logement, chaque famille, chaque congrégation – partout où deux ou trois sont réunis en mon nom – je les entourerai d'un rempart de protection, de conseils et d'assistance. Et le secret en est très simple : votre défense consiste à vous tenir en ma présence ! Si vous vivez en ma présence, vous verrez ma puissance créatrice dans votre existence ».

Quand les temps difficiles viendront, Dieu agira envers nous conformément à sa réputation : c'est-à-dire qu'il produira la délivrance à partir de rien ! Réfléchissez : quand notre Seigneur a-t-il jamais perdu un seul de ses pouvoirs créateurs ? L'Ancien Testament tout entier nous le crie : « Dieu a toujours préservé ses enfants naturellement et surnaturellement ! »

Il a produit la manne dans un désert aride – tiré l'eau d'un rocher – fermé la gueule des lions et marché dans des fournaises ardentes, avec les siens, afin qu'ils ne soient pas brûlés – ressuscité des morts. – miraculeusement rempli, en permanence, un pot de farine et une cruche d'huile ; ni l'un ni l'autre ne s'est tari. Et, dans le Nouveau Testament, il a changé l'eau en vin, dompté des tempêtes, ouvert les portes des prisons, et rendu la vie aux défunts. Il a opéré tous ces miracles créateurs pour ses enfants bien-aimés de Sion !

Mon ami pasteur, Denny Duron, a témoigné de la manière dont Dieu a créé quelque chose à partir de rien, pour préserver son école chrétienne en Louisiane. Environ deux mille enfants étaient inscrits à un programme d'été mais l'argent pour leurs déjeuners faisait défaut. Denny et son personnel commencèrent à prier : « Seigneur, nous n'avons rien. Nous avons besoin que tu fasses un miracle ! » Au moment même où ils étaient au bord de la catastrophe, le téléphone sonna. C'était un camionneur, qui disait : « Mon véhicule est tombé en panne juste à l'entrée de votre ville. Je transporte des aliments surgelés, et tout mon chargement va se perdre. J'ai vu votre enseigne, et j'ai eu l'idée d'appeler pour vous demander si vous voulez la cargaison. Avez-vous assez de congélateurs ? ». Denny était surpris. Il répondit : « Oui, je pense que nous pouvons nous en procurer deux ou trois ». Le camionneur reprit : « Deux ou trois ? Monsieur, j'ai l'impression que vous n'avez pas bien compris. J'ai un poids lourd de vingt tonnes, là, dehors. C'est un immeuble rempli de frigos qu'il vous faut pour toute cette marchandise ». Denny et son personnel téléphonèrent un peu partout, et trouvèrent un espace commercial de congélation qu'on mit gratuitement à leur disposition. Les surgelés assurèrent ainsi les repas des enfants.

Bien-aimés, si Dieu doit permettre qu'un poids lourd tombe en panne devant votre maison pour vous ravitailler, il le fera. Il veut que vous comptiez sur lui : « J'ai un plan de sauvegarde conçu spécialement pour vous. Et il est tellement novateur que votre esprit n'aurait même jamais pu l'imaginer ! » Je suis le premier à reconnaître qu'il y a mille « Et si ? » à poser : une foule de questions, sur le prochain holocauste économique. Mais, si vous êtes en Sion, aucune n'a vraiment lieu d'être.

Dieu sera glorifié, jusque dans ces temps mauvais, par le moyen de sa puissance créatrice. Il va susciter, à partir de rien, la pleine et complète providence de tous ceux qui lui font confiance !

Le Seigneur nous préservera, en Sion, parce que c'est là qu'il a placé le trône du Christ !

« *C'est moi qui ai sacré mon roi sur Sion, ma montagne sainte !* » (Psaume 2 : 6).

Dans ce Psaume, Dieu demande : « Pourquoi les païens se mettent-ils en colère ? Pourquoi s'engagent-ils dans des suppositions et des délibérations insensées ? Pourquoi complotent-ils contre mon oint ? » Il considère toutes les tentatives de l'ennemi pour détruire son peuple.

Et il déclare : « *Sion ne chancellera pas ! Mon peuple ne sera jamais vaincu, parce que j'ai établi mon Fils pour roi sur Sion, ma colline sainte. Et mon Fils n'abdiquera pas la couronne que je lui ai remise "Car il faut qu'il règne jusqu'à ce qu'il ait mis tous ses ennemis sous ses pieds"* » (1 Corinthiens 15 : 25).

Si le Christ siège comme roi et Seigneur en Sion, alors tous ses sujets sont en sécurité – parce que le monarque qui gouverne a tous pouvoirs, pour préserver son peuple. En un mot, aussi longtemps que Jésus est sur son trône, Satan est impuissant contre nous. Et vous vous souvenez, évidemment, de l'emplacement du trône du Christ : il est dans notre cœur, où il préside, gouvernant et dirigeant en maître et en souverain. Si nous avons remis nos cœurs et nos vies entre les mains protectrices de notre roi Jésus, aucune puissance ou personne démoniaque ne peut nous en arracher. Dieu aime Sion, parce que c'est l'épouse de son Fils – et il va déployer tout son pouvoir pour préserver cette jeune mariée. Aux yeux du Seigneur, elle est parfaite ; et il veut la présenter à son Fils sans tache, pure, pleine d'amour et de dévotion pour lui. D'ailleurs, cette épouse caractérise sa Terre Promise :

« *C'est un pays dont l'Éternel, ton Dieu, prend soin et sur lequel l'Éternel, ton Dieu, a continuellement les yeux, du commencement à la fin de l'année* » (Deutéronome 11 : 12).

Dieu veut nous faire savoir : « Mon regard est sur mon peuple, Sion, trois cent soixante cinq jours par an ! » Il s'engage également, à son sujet : « *Moi, l'Éternel, j'en suis le gardien, je l'arrose à chaque instant* » (Ésaïe 27 : 3). « *Oui, l'Éternel a choisi Sion, il l'a désirée pour son habitation* » (Psaume 132 : 13).

Si le Seigneur est roi, dans votre vie – s'il a fait de vous son habitation – alors, qui peut vous nuire ? « Être en Sion » signifie n'avoir plus jamais rien à craindre !

Enfin, voici un verset qui prouve qu'il est impossible que le diable vous détruise – parce qu'il ne peut pas traverser les murailles que Dieu a érigées autour de vous : « *Selon le serment qu'il a juré à Abraham notre père. Ainsi nous accorde-t-il, après avoir été délivrés de la main de nos ennemis, de pouvoir sans crainte lui rendre un culte dans la sainteté et la justice, en sa présence, tout au long de nos jours »* (Luc 1 : 73-75).

Cet affranchissement est valable pour le restant de nos vies. Nous avons été mis en liberté dans le but spécifique de servir notre Seigneur sans crainte – malgré tous les orages, les holocaustes, les cataclysmes qui viennent à notre rencontre.

Vous ne devez pas redouter une dépression, une panne technologique ou informatique, ou la détérioration de tous les dispositifs de sécurité. Dieu déclare que vous êtes des *« Sioniens »* – et il vous a donné des promesses à toute épreuve, qui vous permettront de vivre dans une paisible confiance, quoi qu'il arrive !

CHAPITRE CINQ

LE PROCÈS DU SEIGNEUR IMPLIQUANT SION

> « *Car Dieu est en procès avec les nations, il entre en jugement contre toute chair.* »
>
> (Jérémie 6 : 31)
>
> « *Car c'est un jour de vengeance pour l'Éternel, une année de représailles pour la cause de Sion.* »
>
> (Ésaïe 34 : 8)

Ésaïe a prophétisé un temps où les nations recevraient leur rétribution, et je crois que cette prophétie inclut l'Amérique.

À mon avis, nous vivons ces temps prophétiques dont Ésaïe a parlé – le terrible jour des récompenses de Dieu. Comme beaucoup d'autres pays, l'Amérique est confrontée à la colère vengeresse de Dieu, pour avoir offensé notre Seigneur saint et compatissant, comme si c'était le jour de la paie. Notez que, dans ce verset, Ésaïe parle de *« vengeance – de représailles pour la cause de Sion »*. Qu'est-ce que le prophète veut dire, exactement ? Et que faut-il faire, face à ces réquisitoires et verdicts qui englobent l'Amérique et le monde, aujourd'hui ? Je crois que, si nous analysons les jugements qui touchent la terre entière, nous gagnons en perspicacité quant à la signification de cette parole prophétique.

La Russie tombe en morceaux. Son rideau de fer, autrefois réputé inexpugnable, a été mis en pièces. Son gouvernement est menacé, et sa devise s'effondre. Ses chantiers navals, vitaux pour elle, sont arrêtés. Les ouvriers n'ont pas été payés pendant des mois, et des millions de personnes ont sombré dans la pauvreté. Maintenant, la Mafia russe s'empare du pouvoir, siphonnant une grande partie des richesses nationales. Qu'est-ce que tout cela signifie ? Pourquoi Dieu a-t-il porté un tel jugement sur la Russie ? Dans l'esprit de beaucoup de chrétiens, la polémique de Dieu avec la Russie semble évidente : nous voyons les effets de son jugement saint sur des années de communisme. Nous pensons : « Dieu juge la Russie pour son comportement barbare tout au long de ce siècle. Il déverse sur elle son courroux en raison de sa méchanceté et violence. La Russie a voulu faire un pied de nez à tout ce qui est moral et droit ».

La Corée du Sud, la Bosnie, l'Indonésie, la Thaïlande, le Japon et les pays d'Afrique et d'Amérique du Sud, subissent ensemble le jour de la vengeance de Dieu. Ils chancellent, à la limite de la dépression, de la paupérisation et du désordre social. Et pour beaucoup, leur malheur interfère. À présent, le marché immobilier et la devise de l'Indonésie sont en baisse de 90 %, réduisant une forte proportion de sa population à l'indigence. Certains, qui étaient riches il y a un an à peine, végètent maintenant dans la rue. Ce ne sont là que quelques exemples : tous basculent comme des dominos.

Un numéro récent du *New York Times* a cité le Secrétaire du Trésor des États-Unis : « Toutes les nations sont ébranlées », a-t-il dit. Sans le savoir, il employait les paroles mêmes du Christ. Pourquoi tout ceci se produit-il ? Qu'est-ce qui fait que Dieu trouble ces pays ? Est-ce la violation des droits de l'homme ? Est-ce leur idolâtrie et leurs fausses doctrines – le bouddhisme, le communisme, l'hindouisme – est-ce l'Islam ? Quelle est la méchanceté qui leur attire l'aversion soudaine de Dieu ? Nous devons également nous demander ce qu'est la polémique de Dieu avec l'Amérique. Qu'est-ce qui cause la concentration des nuages du jugement au-dessus de la planète ?

Ésaïe ne se contentait pas de parler dans le vide, quand il a prédit un abondant déversement de la colère divine dans les derniers jours, avec « *la récompense et la vengeance* ». Et, d'après tous les marqueurs et indicateurs, il semble que cc soit notre tour. Je n'ai pas le moindre doute : le jugement de l'Amérique sera le plus choquant de tous, parce que nous sommes assis au sommet – tellement supérieurs, et depuis si longtemps. Au fil des générations, nous nous en sommes flattés : « Nous sommes trop grands et trop puissants pour tomber. »

Pourtant, c'est exactement ce que les dirigeants du Japon ont dit, seulement huit ans avant que leur économie ne s'effondre. Ils se sont vantés de ce que leur richesse était telle que le terrain sur lequel était édifié le palais impérial avait plus de valeur que tous les biens immobiliers de la Californie réunis. Et voilà que, l'économie du Japon descendue en chute libre, certains de ces mêmes magiciens financiers, qui représentaient le fer de lance de la nation, ont été conduits au suicide. Est-ce que la polémique de Dieu avec l'Amérique provient de la pléthore de pornographie avec ses dix mille théâtres disséminés, qui étalent des grossièretés et des obscénités ? Est-ce la montée de l'homosexualité militante ? Dieu veut-il nous détruire, comme il l'a fait pour Sodome, afin d'éliminer les perversions de cette société ? Sa controverse est-elle liée à notre agressivité, notre immoralité effrénée, ou notre problème de drogue récurrent ? Est-ce parce que nous absorbons l'essentiel des marchandises illégales de la planète ? Ou bien sa polémique avec nous est-elle la conséquence des océans de sang innocent que nous avons versé, en tuant des millions d'enfants avant la naissance par le moyen de l'avortement ? Quelle est la contestation qui a mis le feu à son courroux ? J'ai déjà exposé comment Dieu atteint le point de rupture quand il ne peut plus supporter aucun de nos excès – violence, férocité, corruption, dépravation ou apostasie. Au cours des siècles, il a écrasé les empires dont la coupe d'iniquité débordait, à hauteur de la cote même que nous avons atteinte maintenant. Chaque disciple conséquent du Christ doit réaliser que l'Amérique mérite la pleine fureur de la colère de Dieu.

Je crois que la polémique de Dieu, avec l'Amérique et les nations, dépasse même la dépravation et l'anarchie. Il s'agit de Sion !

Qu'est-ce que « *la vengeance – les représailles pour la cause de Sion* » auxquelles Ésaïe se réfère ?

D'abord, nous devons nous rappeler qui est Sion. Dans le chapitre précédent, nous avons noté que toutes les références à Sion, dans le Nouveau Testament, se rapportent à l'Église triomphante de Jésus-Christ. Je vais donner encore davantage de précisions : il existe sept références à Sion, dans le Nouveau Testament. Dans l'une d'elles, Paul cite un verset de l'Ancien Testament, pour relier Sion à l'Église du Christ : « *Selon qu'il est écrit : Voici, je mets en Sion une pierre d'achoppement et un rocher de scandale, et celui qui croit en lui ne sera pas confus* » (Romains 9 : 33). Nous savons que le Christ est la pierre angulaire de la Sion spirituelle. Paul nous explique qu'il y a une Sion du Nouveau Testament, aussi bien qu'une Sion de l'Ancien. La Sion au sens littéral, celle de l'Ancien Testament, a été anéantie, rasée jusqu'en ses fondations, quand les armées de Titus et de Cyrus l'ont envahie. Mais Dieu, par son Fils Jésus-Christ, a réédifié une ville sainte entièrement distincte – la nouvelle Jérusalem qui descend du ciel, peuplée par une nouvelle sorte de Juifs : « *Le libérateur viendra de Sion, il détournera de Jacob les impiétés* » (Romains 11 : 26). «…*Vous vous êtes approchés de la montagne de Sion et de la cité du Dieu vivant, la Jérusalem céleste, des myriades d'anges…* » (Hébreux 12 : 22).

« Sion », ici, s'identifie à un peuple céleste, merveilleux et spirituel – la Jérusalem d'en haut, constituée de Juifs en esprit, pas circoncis physiquement par la main de l'homme mais circoncis dans leur cœur, par la foi dans le Fils de Dieu. C'est un corps sanctifié du Christ, dans lequel Jésus est le Seigneur de tous. En effet, dans tout le Nouveau Testament, nous voyons que Sion se compose de ceux qui se sont donnés eux-mêmes complètement à Jésus-Christ, et marchent maintenant dans la puissance de l'Esprit Saint.

Vous demandez ce que nous pouvons retirer, de cette révélation au sujet de Sion ? Et ce que prophétise Ésaïe au sujet de la Sion spirituelle, l'Église de Jésus-Christ, quand il dit : *« Car c'est un jour de vengeance pour l'Éternel, une année de représailles pour la cause de Sion »* (Ésaïe 34 : 8) ?

Ésaïe dit qu'en ce moment Dieu est en procès avec toutes les nations, (l'Amérique incluse), à cause de son Église !

Nous devons comprendre que tous les intérêts de Dieu, en ce monde, se rapportent à la personne morale de son Fils Jésus-Christ ; et, quelque mesure qu'il prenne, il le fait avec le souci de son Église. Par conséquent, de telles controverses dépassent de beaucoup l'immoralité, l'idolâtrie, la sensualité, la violence ou le sadisme. Chaque mesure qu'il adopte – qu'il fasse prospérer ou châtie, qu'il bénisse ou qu'il maudisse – tout est lié à sa sollicitude pour son Église ! Dieu possède un peuple caché dans chaque nation – et ses différends sont toujours en rapport étroit avec son épouse. C'est pourquoi je crois que chaque soubresaut qui se produit de par le monde aujourd'hui (problèmes de devises, bouleversements économiques, massacres) est en relation avec la contestation de Dieu à propos de Sion, son corps ici, sur notre terre.

Pourquoi Dieu a-t-il fait trembler la Russie, jetant à bas ses murs et entraînant la chute de ses structures internes tout entières ? Il secouait tout ce qui se dressait sur la route de la prédication de son Évangile ! Pendant des décennies, il a vu son épouse spirituelle – en Russie – bafouée, traquée, mise en péril, persécutée. Et, finalement, il a dit : « Ça suffit ! Je ne demeurerai pas impassible, et je ne laisserai pas ce rideau de fer démoniaque arrêter la diffusion de ma Parole et empêcher mes messagers et mes missionnaires d'administrer mon corps en ces lieux ! »

C'est ainsi qu'il a humilié cet ours autrefois tout puissant tout cela en raison de l'attention qu'il portait à son peuple, qui se tenait là. Ses jugements sur la Russie n'ont rien à voir avec le communisme, ou quelque autre « isme » que ce soit. Il s'agit de Sion ! Il dit à la Russie : « Ton système communiste n'est qu'un grain de poussière, pour moi. Tout ce que j'avais à faire, c'était souffler dessus et, en un instant, il se serait envolé. Mais maintenant, tu as touché à mon Église, la prunelle de mes yeux. Tu as assassiné, tu as cherché à anéantir mon peuple. Maintenant, Russie, tu dois faire face à ma vengeance. J'entre en guerre avec toi, à cause de Sion ! ».

Voyez l'agitation et les révolutions terribles, qui n'en finissent pas, aux Balkans et ailleurs. D'où sont venues ces guerres ethniques et l'instabilité sociale ? Elles résultent de la fureur de Dieu contre les fanatiques islamiques qui s'obstinent à torturer et à décimer son épouse ! Beaucoup de nations islamiques ont paralysé l'œuvre des missionnaires chrétiens, fermant les églises évangéliques et persécutant des croyants. Et maintenant, Dieu est en conflit avec elles, parce qu'il a dit que son Évangile serait prêché aux extrémités du monde. Je crois qu'il leur notifie : « Si je dois vous frapper, et vous mettre à genoux pour ouvrir la porte à mon Évangile, je le ferai. Mon salut sera prêché à toutes les créatures ! »

Il y a des siècles, Dieu a fait prospérer l'Angleterre par l'extension de ses colonies et de ses territoires, jusqu'à ce qu'ils aient encerclé la terre. C'est de là que vient l'expression : « Le soleil ne se couche jamais sur l'empire britannique ». Qu'ont-ils fait pour s'attirer ou mériter une telle faveur ? Pourquoi Dieu les a-t-il ainsi bénis ? Il agissait par égard pour Sion. Il a fait croître la Grande-Bretagne pour couvrir la surface du globe avec son Évangile ! Tandis qu'elle développait ses protectorats, Dieu levait des prédicateurs puissants en Angleterre, en Écosse et au Pays de Galles. Et son Esprit gratifiait leurs églises d'un cœur favorable aux missions. Ainsi, dès qu'un quelconque navire commercial débarquait sous d'autres latitudes, un avant-poste missionnaire prenait rapidement naissance. Chaque comptoir britannique devenait un centre d'où rayonnait la Bonne Nouvelle. La fortune impressionnante de la Grande-Bretagne était totalement subordonnée aux plans de Dieu, qui tendaient à évangéliser d'inaccessibles contrées. Tout existait pour la cause de Sion – bien que

Dieu, plus tard, ait jugé l'Angleterre pour ses impitoyables méthodes de colonisation. Malheureusement, au fil du temps, l'opulence elle-même a fini par entraîner l'appauvrissement spirituel, la lubricité et l'arrogance. L'Église a commencé à décroître, en nombre et en influence et l'ardeur missionnaire a faibli. Par la suite, Dieu a dépouillé la Grande-Bretagne de son empire universel. Hong Kong était l'ultime de ses bastions coloniaux, et il est retourné sous la férule chinoise en 1997. Mais, quand même, comment le royaume britannique en est-il arrivé à sa perte ? Pour avoir sombré dans la licence et le délabrement moral ? Ce n'est que partiellement la raison : l'Angleterre a perdu de vue le but pour lequel elle progressait – et qui était la sauvegarde et la bénédiction de Sion, l'épouse du Christ !

En 1666, la grande ville de Londres fut détruite par un incendie. La cité s'embrasa, les flammes s'élevèrent, et beaucoup de ceux qui s'étaient enrichis par le commerce international devinrent pauvres en une seule nuit. Des multitudes étaient ruinées. Quelque quarante-sept ans plus tard, dans un prêche au cours d'un service de commémoration de l'incendie de Londres, le pieux Puritain John Flavel remarqua : « La peste et le feu se sont abattus sur Londres seulement trois ou quatre ans après qu'on ait chassé et réduit au silence un grand nombre de pasteurs capables et fidèles du Christ – établis là, ou ailleurs dans le pays – parce qu'ils n'avaient pas voulu pécher contre leurs consciences. »

Jérusalem brûla, une première fois, pour avoir abusé des messagers du Seigneur (voir Jérémie 36 : 16) et, la deuxième fois, pour avoir agressé des disciples du Christ et les avoir persécutés (voir Luc 21 : 12) ; le Christ était offensé de ce qu'on leur avait infligé, comme si on le lui avait fait subir personnellement.

Nous pouvons en tout cas observer que l'incendie s'est produit environ six mois après l'instauration du « Five-Mile Act », aux termes duquel les ministres du culte ont été expulsés de leurs églises, brutalement arrachés à leurs maisons, et interdits de séjour à moins d'une dizaine de kilomètres de certaines villes ou de leurs anciennes paroisses. (NDLT : « Five-Mile Act » : la Loi des Cinq Miles, constitue le dernier article du Code de Clarendon promulgué en 1665, sous le règne de Charles II – qui privait d'une grande partie de leurs droits civiques et de leur liberté d'action les pasteurs anglicans refusant de prêter un serment d'allégeance.)

Tel fut, au moment des faits, le constat d'un homme sage et bon : « C'est comme en vertu de la grâce envers plusieurs des pasteurs, qu'ils ont été chassés de la ville avant que cet épouvantable jugement ne survienne ; ainsi a-t-il été ordonné, d'une voix forte, au gouvernement : *"Laisse partir mon peuple afin qu'il me serve ; et si tu ne le laisses pas aller, voici les plaies dont je te frapperai…"*. Il pensait que c'était la voix du Seigneur, qui criait alors dans la ville ».

Entre 1665 et 1666, Londres était devenue une ville exécrable et athée, pleine de violence, d'effusion de sang et de corruption. La plupart du temps, on traitait l'Église d'état comme une récidiviste. Mais Dieu n'a pas envoyé le jugement sur Londres avant que sa précieuse épouse n'ait été salie par ses mains impures. La polémique de Dieu, avec l'Angleterre, était intimement reliée à la conservation de Sion !

De même, la bénédiction initiale de Dieu, pour faire prospérer l'Amérique, reposait sur un projet spécifique. Le Seigneur voulait ériger une Église forte, aux États-Unis, aux fins d'évangélisation globale. Et c'est exactement ce qui s'est produit. Nos plus prestigieuses Universités – Harvard, Yale, Princeton, Columbia – toutes ont commencé comme des écoles bibliques, destinées à former des pasteurs et des missionnaires.

Le premier Réveil en Amérique a engendré des associations bibliques, sociétés des missions et de grands efforts de la part des missionnaires de toutes dénominations. Le cri de ralliement commun à l'Église américaine était : « *Allez par tout le monde, et prêchez le Christ !* » (NDLT : Marc 16 : 15). À cette même époque, l'exportation la plus impressionnante de l'Amérique était l'Évangile. Notre pays envoyait des missionnaires aux quatre coins du monde. En foi de quoi, quiconque se renseignait sur l'Amérique, s'entendait répondre : « C'est le pays des missionnaires, le peuple de l'Évangile ». Je crois que c'était la motivation de Dieu, et la seule, pour assurer le rayonnement de notre pays. Ce n'était pas en raison de notre ingéniosité, de nos qualifications techniques, de notre sagesse ou de notre éthique professionnelle. Non, toutes nos bénédictions sont venues de ce que Dieu gardait constamment son royaume à l'esprit. Tout était soumis à son projet de fonder et d'établir son Église triomphante.

Cependant, comme cela s'était produit avec Israël, la Grande Bretagne et d'autres nations abondamment gratifiées, sa réussite a fini par égarer l'Amérique. Et nous avons complètement oublié pourquoi, autrefois, nous étions bénis. *« Yechouroun* (nom poétique d'Israël) *est devenu gras et il s'est regimbé ; – Tu es devenu gras, épais et replet ! – Et il a délaissé Dieu, son créateur, il a méprisé le Rocher de son salut »* (Deutéronome 32 : 15).

Aujourd'hui, les campus des universités de notre nation sont les pépinières de l'athéisme et du libéralisme. La Bible est rarement mentionnée sans être raillée ou ridiculisée. Et les Américains dépensent davantage en aliments pour chiens qu'en subventions pour les missions. Nos exportations consistent en Coca-cola, technologie, pornographie et promotion des sectes. Il y a des années, nous étions considérés comme un pays béni de Dieu, une terre de refuge paradisiaque pour des transfuges de toutes nationalités. Mais maintenant le monde perçoit l'Amérique comme une société violente, droguée, paranoïaque, obnubilée par l'argent et par ses appétits charnels.

Chaque fois qu'une nation s'élève, au point de séduire ou d'asservir le peuple de Sion, le jugement ne tarde pas !

Quoi qu'il en soit, nous nous demandons : « Pourquoi notre nation devrait-elle souffrir du chaos économique et social ? Pourquoi Dieu malmènerait-il le marché des actions et démantèlerait-il le pays le plus prospère dans l'histoire du monde ? »

Beaucoup de chrétiens concernés diraient que la polémique de Dieu concerne nos institutions politiques : après tout, notre gouvernement édicte constamment des lois qui effacent de notre société jusqu'au moindre reflet de Dieu. Ils considèrent que la colère du Seigneur doit s'élever contre les chefs de cabinets et les éducateurs qui encombrent les esprits, des adultes et des enfants de préceptes opposés à Dieu. Naturellement, Dieu en est fâché.

Et, oui! Il va juger l'Amérique, pour ces péchés-là aussi bien que pour d'autres : notre fureur et notre inhumanité, notre infanticide de millions de fœtus, notre amoralité qui fait rage, notre sensualité exacerbée et nos perversions sexuelles, notre cruauté comme une montagne et le dérèglement de nos mœurs – tout ceci avec tant d'insolence que nous avons peine à le croire!

Cependant, croyez-moi, là n'est pas la contestation première de Dieu avec l'Amérique. Vous êtes en droit d'objecter : « Mais la Bible ne dit-elle pas que Dieu submergea la génération de Noé, par le déluge, dans son irritation suscitée par leur brutalité et leur intolérable iniquité? Et le Seigneur n'a-t-il pas réduit Sodome en cendres, parce qu'il ne pouvait pas supporter plus longtemps ses perversions sexuelles débridées et ses actes de barbarie? ». Si! Et, dans les deux cas, Dieu haïssait le mal. Il juge le péché, quels qu'en soient le coupable et l'époque, que les faits se produisent aux jours de Noé, aux jours de Sodome ou de nos jours.

Mais il y a un argument plus important, pour que Dieu ait été en procès avec ces peuples, exactement comme avec le nôtre aujourd'hui. Et c'est en rapport avec les témoins de son Église. J'aimerais vous poser une question : à votre avis, combien existait-il de « justes » du temps de Noé, quand – pour la première fois – il annonça le jugement imminent? En ces temps reculés, combien de personnes se sont-elles unies à cet homme pieux afin de croire, partager et honorer la vérité? Se pourrait-il qu'il y ait eu là beaucoup de justes, à ce moment précis? Si oui, qu'a-t-il bien pu leur arriver – pendant les cent vingt années au cours desquelles Noé a prêché et construit l'arche – pour que lui et sa famille soient restés les seuls fidèles à leur croyance? Ont-ils tous été séduits et conduits à l'apostasie par la facilité, le matérialisme et les convoitises de la vie? Je crois que le jugement de

Dieu est tombé sur la société de Noé, non seulement parce que le peuple a rejeté sa prédication, mais parce que Satan avait un plan pour détruire à la longue tout le « reste » de Dieu. (NDLT : Le « reste » ou « résidu » de Dieu, selon les versions bibliques, désigne les justes selon son cœur. Voir Ésaïe 10 : 22-23, Romains 9 : 27 et 11 : 5).

Voyez-vous, Dieu a un « reste » de justes dans chaque génération – et Noé était peut-être le seul, parmi tout le peuple, à représenter « le résidu » de son temps. D'ailleurs, peu importe que Noé ait été le seul homme juste de sa génération, ou un juste parmi beaucoup d'autres. Le point capital est que Dieu était déterminé à sauver sa race sainte – la semence dont le talon devait écraser la tête du serpent (NDLT : voir Genèse 3 : 14-15) – en détruisant tout ce qui risquait de la séduire ou de l'annihiler. En bref, Noé figurait l'unique témoignage subsistant de Dieu – la bonne nouvelle de son salut au monde – et le jugement s'est abattu parce que Satan était décidé à détruire ce témoignage. Le diable voulait exterminer la semence de l'Évangile, pour se sauver lui-même. Mais Dieu est intervenu pour neutraliser le projet du diable.

Considérons également Abraham. Vous vous rappelez, qu'en intercédant pour Sodome, il pria Dieu d'épargner la ville si seulement cinquante justes y demeuraient. Et Dieu promit qu'il le ferait. Mais ensuite, en y réfléchissant, Abraham devint un peu nerveux : il n'y avait peut-être pas autant de justes dans Sodome ! Alors, il demanda à Dieu s'il épargnerait la ville pour seulement quarante justes. Cette fois encore, Dieu accepta. Mais Abraham revint à la charge, et il implora sa pitié pour un nombre plus restreint, jusqu'à ce qu'il soit tombé à dix personnes. Et même dans ce cas, Dieu s'engagea à sauver l'odieuse Sodome tout entière, à cause de ces dix justes. Encore que je me demande combien de citoyens de Sodome – qualifiés de « justes » à cet instant précis – furent ensuite à leur tour pris au piège, du fait de la recrudescence de l'iniquité de la ville. Se pourrait-il qu'il y ait eu d'autres justes, parmi les camarades de Lot, quand il est entré pour la première fois dans Sodome ? Lot aurait-il déclaré, à son oncle Abraham, qu'il se sentait en sécurité – parce qu'il avait rencontré cinquante justes, comme lui? Serait-ce pour cette raison que, dans un premier temps, Abraham était à son aise en sollicitant la pérennité de la cité en vertu de cinquante résidants? Nous savons que, finalement, Lot était la seule personne juste habitant Sodome. Le cœur de son épouse avait déjà été attiré par cette société corrompue, ce qui fut démontré lorsqu'elle regarda en arrière, en direction de Sodome, et qu'elle fut changée en statue de sel. Nous savons également que les deux filles de Lot n'avaient aucune moralité. Plus tard, après la destruction de Sodome, elles enivrèrent leur père pour avoir des relations sexuelles avec lui, dans le but de préserver une descendance.

Dans mon esprit, tout cela appuie la remarque que je veux faire, dans ce chapitre : Dieu bénit ou dispose des sociétés et des nations selon la façon dont elles traitent le peuple saint, Sion – même si Sion ne se compose que d'une seule personne! Dieu ne permettra jamais au diable d'éteindre sa juste cause, ni de terrasser son témoin consacré parmi les méchants. Il a réduit Sodome en cendres pour prouver cette réalité au diable et à toute l'humanité. Il protestait : « Non, Satan – tu ne vas pas anéantir mon ˝résidu˝. Même s'il ne reste qu'une seule personne qui porte mon témoignage, c'est moi qui anéantirai tes maléfices, pour la préserver. Les portes de l'enfer ne prévaudront pas contre Sion! »

Ce principe est clairement illustré par la manière dont Dieu a traité la nation païenne de Moab.

Moab est la nation qui loua les services du prophète Balaam, pour prophétiser contre Israël. Naturellement, Dieu n'allait pas permettre à Balaam de maudire Israël! Mais le prophète finit par conseiller à Moab de séduire Israël en poussant ses hommes à la fornication. Les dirigeants de Moab se rangèrent à cet avis de colporter une religion qui impliquait la prostitution. L'Écriture dit que Moab traitait les Israélites en ennemis, et les bernait par *sa perfidie* ou *ses ruses* (Nombres 25 : 17-18, versions Segond et Darby). Les Moabites se dirent, les uns aux autres : « Ces hommes d'Israël sont de tempérament sensuel. Ils ont un Dieu, mais ils ne le servent pas de tout leur cœur. Même maintenant, ils servent de faux dieux. Ce qui démontre qu'ils peuvent être dupés. Alors, pourquoi ne pas organiser un grand festin en bordure de notre camp, en faisant défiler de très belles femmes devant eux ? Nous pouvons tenter les hommes d'Israël, avec des danseuses prostituées. Et nous ferons d'eux des fornicateurs ! » L'Écriture souligne que c'est exactement ce qui se produisit : « *Elles invitèrent le peuple aux sacrifices de leurs dieux ; et le peuple mangea et se prosterna devant leurs dieux. Israël s'accoupla avec Baal-Peor, et la colère de l'Éternel s'enflamma contre Israël* » (Nombres 25 : 2-3).

Jusqu'à cet instant précis, Dieu n'avait pas jugé l'immoralité ni l'idolâtrie de Moab. Il considérait que les Moabites remplissaient simplement les contrats passés avec leur père, le diable. C'est pourquoi, pendant des années, il les avait laissés livrés à eux-mêmes, en attendant le jour du Jugement. Mais, à l'instant où Moab s'éleva jusqu'à circonvenir et tromper son peuple, la colère de Dieu s'enflamma. Il protesta : « Moab, j'ai un problème avec toi ! » Naturellement, Dieu jugea d'abord Israël pour son péché. Comme Pierre l'écrit dans le Nouveau Testament, le jugement de Dieu commence toujours par sa propre maison. Mais, ensuite, l'Écriture enseigne que le Seigneur déclara la guerre à Moab : « *Traitez les Madianites en adversaires et frappez-les ; car ils ont été vos adversaires par la perfidie qu'ils montrèrent envers vous dans l'affaire de Peor...* » (Nombres 25 : 17-18).

Le prophète Jérémie, aussi, a parlé contre Moab : « *Moab sera détruit, il ne sera plus un peuple, car il s'est élevé contre l'Éternel* » (Jérémie 48 : 42). « *Comme Moab tourne honteusement le dos ! Moab devient un objet de risée et de terreur pour tous ceux qui l'entourent* » (Jérémie 48 : 39).

Puis, et de façon similaire, Ézéchiel, Amos et Sophonie ont tous prophétisé contre les Moabites. Mais, notez-le bien : Dieu n'exprima pas le moindre différend avec Moab, jusqu'à ce que les chefs de cette nation dépravée se soient résolus à détruire Israël, par la concupiscence et la fourberie. C'est lorsque Moab eut touché la prunelle des yeux de Dieu – que le Seigneur annonça : « Je te jetterai à bas de tes hauts-lieux ! On entendra des lamentations dans toutes vos maisons, parce que tu t'es dressé contre ma Sion sainte. Je ne le permettrai pas ! ».

J'espère que vous établissez le parallèle avec notre nation ; et peut-être que vous comprenez, maintenant pourquoi Dieu doit juger l'Amérique.

Les paroles, qui furent prononcées contre Moab, pourraient se rapporter à l'Amérique d'aujourd'hui : « "Vous" serez détruits, "vous" ne serez plus un peuple, car "vous" vous êtes élevés contre l'Éternel » (Paraphrase de Jérémie 48 : 42).

Si ce n'était à cause de l'Église de Jésus-Christ en Amérique, Dieu pourrait différer son procès avec notre pays, bien que nous poursuivions notre infâme chemin. Il statuerait simplement sur son sort au jour du Jugement. Mais l'épouse bien-aimée de Dieu se trouve au milieu de cette populace – et elle est menacée par des lois qui la couvrent de honte, et qui chassent l'Époux. Le nom du Seigneur est outragé, et son Église est persécutée. Aussi, maintenant, Dieu s'adresse à l'Amérique : « Je n'ai pas réagi plus tôt, bien que j'aie un réel problème avec toi au sujet de tes péchés charnels – tes turpitudes, ta pornographie, ton homosexualité. Mais voici que tu as touché mon Église, mon corps. Tu t'es élevée contre Sion ! »

Les desseins que le diable forge, contre l'Église, nous sont dépeints en Apocalypse 12. Ce chapitre nous révèle que Satan se précipite sur la terre, animé d'une grande colère, parce qu'il sait qu'il a peu de temps. Et c'est là que le diable se trouve en ce moment – pas loin, quelque part dans le cosmos, mais juste ici, au milieu de nous. Il a pris le contrôle des principautés et des puissances des ténèbres, et il les emploie toutes pour persécuter Sion.

« *De sa gueule, le serpent lança de l'eau comme un fleuve derrière la femme* (l'Église), *afin de la faire entraîner par le fleuve… Le dragon fut irrité contre la femme, et il s'en alla faire la guerre au reste de sa descendance, à ceux qui gardent les commandements de Dieu et qui retiennent le témoignage de Jésus »* (Apocalypse 12 : 15, 17).

La femme considérée dans ce passage symbolise l'Église, la Sion spirituelle. Et, après être tombé sur la terre, le diable s'est concentré sur un unique but : abuser Sion, puis la détruire. Maintenant, il a conçu une profusion d'ordures, d'iniquités, de traîtrises, de doctrines et de religions mensongères, dans lesquelles il essaye d'entraîner le peuple de Dieu. Il est décidé à user de ce débordement pour engloutir les citoyens de Sion – les serviteurs qui ont reçu le sceau du Christ, et les messagers qui portent son témoignage. Actuellement, nous expérimentons la pleine fureur de ce flot démoniaque. Avec des efforts pour paraître politiquement corrects, politiciens, juges et éducateurs dépouillent les enfants de Dieu – en coalition avec Satan – pour éteindre son reste et son témoignage.

Dieu aussi agit maintenant, en polémiquant avec l'Amérique, en apportant le jugement avec une grande colère et dans sa vengeance. Et c'est sur le point d'arriver, parce que Satan a ouvert ses écluses dans le but bien précis de détruire non pas cette nation, non pas les pécheurs et les méchants, mais Sion la sainte – le témoignage de Dieu !

En cet instant, Dieu possède toujours un « résidu » en Amérique. Et il va envoyer un message à Satan : « Diable, c'est une chose que tu largues un déluge d'iniquité et de duplicité, pour distraire ceux qui t'appartiennent et les garder sous ta coupe. Mais c'est une toute autre chose, que tu inondes spécifiquement Sion la sainte ! Tu veux tromper les miens – les abattre un à un après les avoir sélectionnés, attaquer le faible, le boiteux, ceux qui n'ont aucune vision du Christ. Tu veux que l'Épouse soit une loqueteuse, à bout de forces, une femme prostituée alors qu'approche son mariage avec mon Fils. Mais je ne le permettrai pas ! Tu ne prévaudras jamais contre mon Église, Diable. Je mettrai en faillite l'Amérique entière, s'il le faut. Je ruinerai vos pornographes, vos négociants, vos chefs corrompus et possédés du démon. J'ouvrirai grand la bouche de la terre, et elle avalera votre misérable petite inondation. Et j'apporterai toute l'aide du ciel, pour assister mes saints ! ».

Les polémiques de Dieu avec les nations ont toutes pour objet son grand amour et sa sollicitude envers son Église, Sion !

Nous avons vu que, tout au long de l'Histoire, Dieu a détruit des villes, des nations et des empires dans leur intégralité, rien que pour protéger son témoignage sur la terre. Et Dieu n'hésitera pas à humilier également notre pays, si cela signifie sauvegarder et préserver son Église comme une épouse sans tache pour son Fils, Jésus. Je crois que, dans les jours qui viennent, nous allons voir la contestation de Dieu se déployer sur l'Amérique.

Et l'holocauste financier, qui va ravager notre pays, accomplira deux objectifs de Dieu : il frappera une nation qui est devenue la servante zélée de Satan, et il purgera l'Église de toute hypocrisie.

CHAPITRE SIX

PROTECTION DANS LA TOURMENTE À VENIR :

LE PLAN DE DIEU PASSE PAR LA PRIÈRE.

J'ai étudié les Écritures, et je n'ai pas trouvé un seul exemple d'un jugement infligé par le Seigneur à un peuple sans qu'il lui ait d'abord donné des avertissements, avec un délai amplement suffisant pour qu'il puisse se repentir. D'ailleurs, en même temps que chaque sommation, Dieu a envoyé des instructions clairement détaillées, pour que les gens trouvent un abri contre la destruction. Car notre Seigneur a toujours procuré un refuge à quiconque est disposé à honorer sa Parole, en l'observant et en obéissant.

Dans le livre de l'Exode, Dieu offrit sa protection au Pharaon, lorsque Moïse l'avertit qu'une terrible tempête de grêle allait s'abattre sur l'Égypte. Il prévint le monarque : « *Je ferai pleuvoir demain, à cette heure, une grêle si violente qu'il n'y en a pas eu de semblable en Égypte depuis sa fondation jusqu'à maintenant* » (Exode 9 : 18).

Cet avertissement aux dirigeants de l'Égypte était une manifestation de la grâce de Dieu – un don de l'amour, même au Pharaon si cruel et à son peuple idolâtre. Dieu avait le droit d'envoyer cet orage sur eux sans préavis, en raison de la dureté perpétuelle de leur cœur. Mais, au contraire, il rasséréna le roi : « Je vous informe de ce que je vais faire, de sorte que vous ne perdiez âme qui vive – y compris vos familles, vos serviteurs, pas même votre bétail. Tous peuvent rester sains et saufs. Simplement, rassemblez tout et tout le monde, et réfugiez-vous dans vos maisons. Blottissez-vous sous un toit, quelque part, et restez à l'abri – alors, vous serez préservés de l'orage. » Toutes ces personnes firent le nécessaire, pour se mettre en sécurité : elles honoraient la parole du Seigneur, puisqu'elles croyaient qu'une tempête surviendrait ! Il s'avéra que beaucoup manifestèrent leur crainte de Dieu, en le prenant au mot, et en se repliant dans leurs résidences : « *Ceux des serviteurs du Pharaon, qui craignirent la parole de l'Éternel, firent retirer en hâte dans les maisons leurs serviteurs et leur cheptel. Mais ceux qui ne prirent pas à cœur la parole de l'Éternel laissèrent leurs serviteurs et leur cheptel dans la campagne… La grêle frappa, dans tout le pays d'Égypte, tout ce qui était dans la campagne, depuis les hommes jusqu'aux bêtes ; la grêle frappa aussi toute l'herbe des champs* » (Exode 9 : 20-21, 25).

Tragiquement, ceux qui n'observèrent pas ces recommandations perdirent tout ce qui n'était pas mis à couvert. Mais, ceux qui se conformèrent aux directives de Dieu, furent épargnés. Après la tornade, ils sortirent pour constater qu'ils avaient toujours leur bétail et leurs domestiques. Tout était resté en bon état, sous la charpente de leur logis, juste comme le Seigneur l'avait dit. Ils avaient bénéficié de son aide contre un ouragan, rien qu'en obéissant à sa Parole !

Je tiens à vous montrer, à partir des Écritures, que Dieu nous fait la même authentique promesse aujourd'hui. Nous pouvons faire face à la tourmente qui doit bientôt fondre sur l'Amérique – et rester absolument protégés par ses soins !

Dieu tient-il parole, ou ses avertissements sont-ils vains ? Enverra-t-il ses prophètes et sentinelles porteurs d'instructions, mais sans aucune suite, comme s'ils prêchaient dans le désert ? Non !

Toutes les fois que, dans l'Histoire, un peuple a endurci son cœur, Dieu lui a infligé ce qu'on peut appeler « la cécité juridique ».

Cet aveuglement tombe sur tous ceux qui se moquent de la Parole de Dieu. Ils se croient à tort en sécurité et placent leur confiance dans des mensonges, tous unis dans l'effort de perpétuer leurs rêves insatiables. Dans la distorsion de leurs pensées et de leurs projets, ils sont durs d'oreille à chaque information réaliste. Résultat : ceux dont le cœur est endurci peuvent se heurter de front aux prémisses d'un cyclone, et ne discerner qu'une brise douce. Je crois que notre président, le Congrès et les politiciens, sont maintenant sous le coup d'une cécité juridique de Dieu – exceptés quelques croyants, parmi eux, qui craignent et révèrent sa Parole. Un sénateur chrétien a admis : « Washington est aveugle à ce qui se passe dans le monde, et à notre économie ». Il a raison. Un simple petit problème technique pourrait balayer notre prospérité en un instant. J'ai lu un article de vulgarisation scientifique, qui me trouble profondément. Une étude récente, effectuée par une équipe nationale de psychologues, a établi que beaucoup d'Américains sont atteints de ce qu'ils appellent : « le démenti psychologique » ; elle prouve que les gens refusent de croire qu'un malheur quelconque, financier ou autre, puisse leur arriver. C'est la formule idéale pour un désastre total ! Si les gens n'imaginent pas qu'un cataclysme puisse les atteindre, pourquoi écouteraient-ils les prédictions concernant la prochaine tourmente ?

Le prophète Ésaïe parle d'un peuple qui se comportait exactement de cette façon. Ils étaient tous remplis d'orgueil, et chacun affichait une impudente confiance. Ils estimaient qu'ils n'avaient nullement à se justifier, aussi n'éprouvaient-ils plus la crainte de Dieu, de l'enfer ou même de la mort. Ils considéraient tous qu'ils avaient amassé assez d'argent, accumulé assez de richesses et contracté assez d'alliances avec les pays environnants pour être totalement blindés contre n'importe quelle débâcle. Donc, ils supposaient s'être aménagés une retraite spéciale, où rien ne pourrait les troubler.

Mais Ésaïe réprimanda tant de suffisance avec des mots cinglants : « *C'est pourquoi écoutez la parole de l'Éternel, moqueurs, vous qui dominez sur ce peuple de Jérusalem ! Vous dites : "Nous avons conclu une alliance avec la mort, nous avons fait un pacte avec le séjour des morts ; quand le fléau débordant passera, il ne nous atteindra pas, car nous avons le mensonge pour refuge et la fausseté pour abri"* » (Ésaïe 28 : 14-15).

Quelle réflexion surprenante ! Et qui décrit parfaitement l'état d'esprit actuel de notre nation. Il n'y a désormais plus aucune crainte de Dieu, sur la terre : aucune peur de l'enfer, ni du jugement, ni de devoir se tenir devant sa face pour lui rendre des comptes chacun sur sa vie. Il est vrai que certains non-croyants s'attendent bien à ce qu'une tourmente sévisse – mais, au lieu de se tourner vers le Seigneur, ils édifient leurs réserves secrètes et personnelles. Fiers et méprisants, ils cogitent : « Je peux surmonter n'importe quelle crise ! J'ai fait fortune. Et j'ai prévu un endroit où me cacher, dans mon refuge de montagne. Aussi, lorsque les villes s'embraseront, je vivrai comme un roi, bien loin de tout cela. Aucun tourbillon ne pourra jamais me rattraper ! ». Telle était la pensée d'Israël. Mais Ésaïe rétorqua que Dieu était sur le point d'envoyer une tornade, tellement puissante qu'elle engloutirait toute cette arrogance : « *La grêle emportera le refuge du mensonge, et les eaux déborderont dans l'abri de la fausseté. Votre alliance avec la mort sera détruite, votre pacte avec le séjour des morts ne subsistera pas ; quand le fléau débordant passera, vous serez par lui foulés aux pieds* » (Ésaïe 28 : 17-18). Il disait aux Israélites : « Tous ceux d'entre vous qui se sont convaincus que la mort n'existe pas pour eux, ni l'enfer, ni le jugement, serez piétinés par le courroux du Seigneur ! Vous ne serez pas en mesure de trouver la plus infime sécurité, nulle part. Il n'y a pas d'abri pour le vaniteux ou l'incrédule ! »

Quand l'orage éclatera sur l'Amérique, nous entendrons quotidiennement des rapports affolants. Toute la journée, et au cours de la nuit, les nouvelles deviendront de plus en plus terrifiantes. Déjà, quelques commentateurs sonnent l'alarme. En écoutant la radio, récemment, j'ai entendu un expert financier clamer pratiquement des consignes : « Arrêtez! Vous hypothéquez vos maisons et placez l'argent dans le marché des actions. Vous jouez en Bourse tout ce que vous possédez. C'est de la folie! Vous allez perdre vos possessions, votre épargne et tous vos biens, à cause de votre cupidité! »

Le prophète a bien conseillé : « *Maintenant, ne vous livrez pas à la moquerie, de peur que vos liens ne soient resserrés ; car la destruction de tout le pays est résolue ; je l'ai appris du Seigneur, de l'Éternel des armées* » (Ésaïe 28 : 22). Il les rappelait à l'ordre : « Vous présumez disposer d'un asile – mais c'est une confiance mal placée! Fait de main d'homme, il ne vous servira de rien, parce que l'emportement de Dieu le réduira en miettes. Tout ce que vous possédez va s'écrouler. Et vous serez terrorisés, quand vous le réaliserez. Mais, pour vous, il sera trop tard! »

Soudain, l'Esprit Saint interrompit Ésaïe, au milieu même de son message de jugement.

L'esprit de Dieu arrêta le prophète qui parlait, comme pour dire : « Attends, Ésaïe. Je ne veux pas que tu prophétises une autre parole de jugement, avant que mon peuple sache ce que je vais lui faire. » Puis, Dieu donna à Ésaïe un message d'espoir. Il ordonna au prophète de le délivrer à quiconque croyait au Seigneur et faisait confiance à sa parole :

« *C'est pourquoi ainsi parle le Seigneur, l'Éternel : "Me voici! J'ai mis pour fondement en Sion une pierre, une pierre éprouvée, une pierre angulaire de prix, solidement posée ; celui qui la prendra pour appui n'aura pas hâte de fuir"* » (Ésaïe 28 : 16). Ce message était : « Quiconque est fondé sur ce rocher ne sera pas troublé! » Nous savons que ce rocher dont parle Ésaïe est Jésus-Christ, notre Sauveur et Seigneur.

Nous devons croire en lui, pour toutes choses ; lui seul doit être le roc inébranlable sur lequel nous nous appuyons. Et, comme l'Ancien Testament nous le dit : « *...leur rocher n'est pas comme notre Rocher...* » (Deutéronome 32 : 31). Ce qui signifie que nous, les disciples de Jésus, ne devons pas placer notre confiance où le monde place la sienne. Par exemple, quoique la Sécurité Sociale soit réputée infaillible, nous ne devons pas mettre notre confiance en elle, pour assurer notre situation future. Ce n'est pas une assise fiable. Nous ne pouvons pas non plus mettre notre confiance dans des fonds de pension, même s'ils ont les reins solides. Notre seule cachette est en Christ. Si nous nous tenons sur lui, le Rocher, nous ne serons pas perturbés, quelles que soient les terribles nouvelles à venir. La tourmente en question peut être si grave qu'elle attire le chaos sur le monde entier – et, de ce chaos, on pourrait voir émerger la bête et l'antichrist. En bref, nous pourrions être à deux doigts du retour du Seigneur. Par conséquent, nous ne pouvons pas nous permettre de faire confiance à la technologie, aux méthodes d'éducation, à la science, à la médecine. Nous ne pouvons pas même faire confiance à nos puissantes forces armées, pour nous sauver. Finalement, ce ne sont là que des fondements précaires. En 1 Corinthiens 10 : 4, l'apôtre Paul y fait écho lorsqu'il confirme que notre Rocher c'est le Christ. De même, le psalmiste : « *Éternel, mon roc, ma forteresse, mon libérateur ! Mon Dieu, mon rocher où je me réfugie ! Mon bouclier, la force qui me sauve, ma haute retraite !* » (Psaume 18 : 2). « *Il me protégera dans son tabernacle au jour du malheur, il me cachera sous l'abri de sa tente ; il m'élèvera sur un rocher* » (Psaume 27 : 5).

Notre sol ferme – notre Rocher inébranlable – c'est Jésus lui-même, et lui seul !

Dans le Psaume 31, David parle d'une « forteresse » : une cachette dans la présence de Dieu.

David criait à Dieu : « *Sois pour moi un rocher, une forteresse* » (Psaume 31 : 3-4).

Au début de ce chapitre, j'ai mentionné que Dieu avait averti l'Égypte : « Si tu veux te protéger, fais donc mettre en sûreté dans ta maison ton cheptel et tout ce qui est à toi ».

Ici, la prière de David nous offre une image identique et saisissante. Il demande à Dieu d'être, pour lui, un refuge ! Où est cette « forteresse » dont parle David ? Où est cette sphère fortifiée, que Dieu a préparée pour les siens, aujourd'hui ? Je ne crois pas que nous puissions réellement pénétrer dans cet espace, encore moins nous y cacher physiquement. Ce n'est pas un endroit discret, situé tout près. Non, David parle ici du lieu secret de la prière. On ne peut y accéder que sur nos genoux ! La Parole de Dieu nous le répète : la seule cachette sûre dans la tourmente, c'est une pièce où chercher la face du Seigneur. Le prophète Élisée le savait. C'est pourquoi il s'est enfermé, quand on l'a supplié d'intercéder pour un enfant mort : « *Élisée entra et ferma la porte sur eux deux pour prier l'Éternel* » (2 Rois 4 : 33). L'unique voie frayée dans une situation désespérée passe par une chambre dont on ferme la porte pour y saisir la main de Dieu !

Chaque chrétien doit apprendre cette même leçon : notre refuge est notre lieu secret de prière !

Quand l'ouragan frappera, nous ne pourrons pas nous replier sur nous-mêmes, en disant : « Évidemment, je crois au Seigneur. J'ai confiance en lui. » Armés de cette confiance, nous allons devoir agir ! Il nous sera dit : « Retirez-vous en hâte dans vos maisons » – et il nous faudra gagner notre lieu secret, pour rechercher Dieu avec empressement. Jésus nous enseigne : « *Veillez et priez, afin de ne pas entrer en tentation* » (Marc 14 : 38). En d'autres termes, il disait : « Dépensez votre énergie à me chercher, ainsi vous ne serez pas tentés de vous ronger les sangs, de vous inquiéter ou de douter au milieu de l'orage ».

Inutile de vous tourner vers un quelconque conseiller. Vous n'avez qu'à courir dans votre lieu de prière, où votre Père vous attend. Parce que, voyez-vous, c'est ici votre Cabinet d'avocat aussi bien que votre sûr abri. Le Psaume 102, où Dieu nous assure de sa présence lorsque nous sommes en souci et dans l'angoisse, est même intitulé : « *Prière d'un malheureux, lorsqu'il est abattu et qu'il présente sa requête devant l'Éternel* ».

Le verset 17 promet : « *Il tourne sa face vers la prière du misérable, il ne dédaigne pas sa prière* ». Encore faut-il être avisé : quand vous entrez dans votre chambre et que vous fermez la porte derrière vous, faites très attention à la façon dont vous priez. Il y a une certaine sorte de prière que Dieu acceptera de la part des pécheurs, mais pas de ses enfants. Elle le contrarie même vraiment. Le psalmiste nous le démontre, en écrivant : « *Éternel, Dieu des armées ! Jusques à quand t'irriteras-tu contre la prière de ton peuple ?* » (Psaume 80 : 5). Dieu est-il courroucé contre ceux qui prient avec découragement, dont l'attitude est défaitiste ? Et pourquoi ? Il ne veut pas que ses enfants se tiennent en sa présence en rampant, comme des mendiants ! Alors que je passais du temps dans l'intercession récemment, le Seigneur m'a précisément condamné à ce sujet. Plusieurs jours durant, j'avais fait monter des suppliques jusqu'à son trône, avec ce que je croyais être des « larmes pieuses ». Mais Dieu m'a montré que mes instances étaient tout à fait indignes de son nom et de sa puissance.

Vous vous demandez : « Dieu ne s'inquiète-t-il pas de toutes les requêtes de ses enfants ? N'a-t-il pas promis d'entendre notre cri, quel que soit l'état dans lequel nous sommes ? ». Pas nécessairement. Voici comment je priais : « Seigneur, dis-moi pourquoi je ne reçois pas de révélation de ta part, alors que j'en suis affamé ? Il me semble que je ne grandis pas dans ta sagesse, comme je le devrais. Les yeux de mon esprit voient mal, mes oreilles paraissent assourdies et mon cœur, si dur et si lourd. Père, je t'ai servi toutes ces années... Pourtant je me sens inutile, spirituellement ignorant, bien trop éloigné de tes voies. S'il te plaît, montre-moi ce qui m'empêche de recevoir ton enseignement. Y a-t-il un péché, dans mon cœur dont je ne me rende pas compte ? Qu'est-ce qui freine ma croissance, dans la perception des choses les plus profondes de ton royaume ? ». Je suppliais indéfiniment, de cette façon-là, lorsque soudain le Saint-Esprit m'arrêta. Dieu me souleva du plancher, me mit debout sur mes pieds, et s'adressa distinctement à moi, avec la voix de ma conscience – que je sais être la sienne : « David, cesse de pleurnicher en ma présence. Quand tu pries de cette manière, je n'en éprouve aucun plaisir. Tu oublies totalement tout ce que j'ai fait pour toi ces dernières années. Tu n'en as pas conscience mais quand tu prétends que tes yeux voient mal, que tes oreilles sont assourdies, et que ton cœur est dur et lourd, tu ne manifestes pas une humilité authentique. Au contraire, tu contestes l'œuvre excellente que j'ai accomplie en toi ! Tu me dis que j'ai ignoré toutes tes prières – que mon Esprit s'est tenu prêt, mais inactif, sans jamais oindre ma Parole. Tu me racontes que la Parole que tu as entendue et prêchée tout au long de ces années est passée au travers de toi sans jamais te changer. Et tu exprimes tout cela au milieu de larmes sincères, que tu verses devant moi : ta faim et ta soif, ta promptitude à entendre et obéir, le fait que tu sois resté chétif, ignorant, aveugle et spirituellement stupide. Tu critiques tout ce que j'ai fait en toi et je ne l'accepte pas ! Tu te focalises entièrement sur ta croissance. Et tu restes fermé à tous les changements que j'ai réalisés dans ton cœur, aussi bien qu'à toutes les merveilles que j'ai opérées par ton intermédiaire. En Christ, tu n'es pas aveugle, ni sourd, ni stupide. Au contraire, tu es et tu as été transformé de gloire en gloire. David, tu devrais venir à moi avec des actions de grâces, pour tout ce que j'ai accompli ! »

Que ressent le Seigneur, quand nous le supplions de venir à notre rencontre et de pourvoir dans le futur, tout en critiquant ce qu'il a déjà fait par le passé ?

Combien Dieu doit être affligé, lorsque nous ne reconnaissons pas l'œuvre accomplie en nous par le passé, quand nous ne le remercions pas, pour toutes les difficultés qu'il nous a permis de traverser et les victoires qu'il nous a données. Si nous voulons être affermis dans la prochaine tempête, alors nous devons venir à Dieu avec des actions de grâces, aujourd'hui, et dire : « Seigneur, tu m'as gardé tout au long de ces années. Et, puisque tu peux me libérer de tous mes péchés, je sais que tu peux aussi prendre soin de tous mes besoins physiques et matériels ».

Ressentez-vous de la gratitude, envers le Seigneur, pour toutes les choses qu'il a faites dans votre vie ? Ou bien les oubliez-vous complètement lorsque vous êtes en souci ?

Lorsque vous venez au Seigneur, dans la prière, ne vous concentrez pas sur tout ce qui pourrait encore être perfectionné en vous. Ne vous plaignez pas de vos faiblesses et de vos insuffisances. Mais, plutôt, remerciez-le : « Père, je suis reconnaissant(e) de ce que tu as placé en moi ton Esprit Saint – pour me renouveler, pour m'ouvrir ta Parole, pour me donner le désir de t'obéir. Merci pour toutes les bénédictions que tu m'as dispensées jusqu'ici ! ».

Même si, un jour, nos gouvernements manquent à tous leurs engagements, même si nos capitales sont en flammes et si la loi martiale est décrétée, le peuple de Dieu n'aura jamais rien à craindre. Si nous faisons confiance à notre Père pour nous préserver dans chaque épisode pénible, alors nous devons commencer par le glorifier, maintenant de ce qu'il nous a délivrés de toutes les épreuves passées. Et nous devons cesser de ramper comme des mendiants devant lui. Au lieu de cela, nous devrions l'invoquer : « Oui, Seigneur – Je prierai diligemment pendant la tourmente. Et je sais que tu entendras mes prières. Tu protégeras ma famille. Et tu seras fidèle, pour nous épargner la faim et l'errance. Tu vas dresser une table pour nous, au cours de la prochaine période de famine et de terreur ! »

CHAPITRE SEPT

L'ANTICHRIST, HARMAGUÉDON ET LA MARQUE DE LA BÊTE

C'est un trait de la nature humaine que, plus l'époque se fait menaçante, plus les gens s'intéressent aux oracles. Même les laïcs se préoccupent des avertissements bibliques, quant aux futurs événements cataclysmiques.

En été 1998, Hollywood a tiré des millions de dollars de films tels que « *Armageddon, Deep Impact* » et d'autres, traitant de la fin des temps. À un moment donné, la presse du monde entier produisait à la chaîne une myriade d'ouvrages sur des sujets prophétiques comme l'antichrist, la bataille d'Harmaguédon, la marque de la bête, Daniel et le livre de l'Apocalypse. J'ai finalement décidé que j'essayerais de découvrir ce que les « experts » en prophéties disaient. Aussi ai-je demandé à ma secrétaire de se rendre dans une librairie chrétienne, proche de nos bureaux, et de sélectionner tous les titres qui s'y rattachaient. Elle a rapporté une grande pile de livres fraîchement édités. Un volume, rédigé par un écrivain britannique, s'intitule : *The Antichrist and a Cup of Tea* (« L'antichrist et une tasse de thé »). L'auteur insinue que le prince Charles d'Angleterre pourrait faire partie de l'organisation de l'antichrist, parce que ses armoiries intègrent une représentation de ce qu'il appelle « la première bête ». Cet indice, avance-t-il, suggère que la marque de la bête serait peut-être initiée par la banque du prince Charles en Angleterre.

En jetant un coup d'œil sur le reste des publications, je me suis rendu compte que bien peu s'accordaient sur la chronologie des événements apocalyptiques, dans l'Écriture.

Certains adoptent la vision d'une pré-tribulation au retour du Christ – autrement dit : ils pensent que l'enlèvement de tous les croyants se produira avant les sept ans de troubles planétaires (également appelés « les tourments de Jacob »). Plusieurs autres prennent position pour une demi-tribulation, affirmant que l'enlèvement se produira après trois ans et six mois de troubles, au milieu de la période considérée. D'autres encore tiennent pour une post-tribulation, croyant que les chrétiens pâtiront des sept années dans leur totalité. Quelle que soit votre opinion, vous avez probablement du mal à avaler votre salive, lorsque vous entendez que les croyants vont endurer l'adversité – précisément alors que la dépression mondiale actuelle se déploie sur nos rivages et que la fin des temps se dessine. Il est bien évident que personne ne souhaite jamais recevoir de mauvaises nouvelles de ce genre. En fait, beaucoup nous ont écrit parce qu'ils voulaient savoir où je me situe sur ces questions prophétiques. Certains ont laissé supposer qu'ils ne liraient ou n'écouteraient plus aucun de mes messages, si je ne prêchais pas une « grande évasion » de pré-tribulation, permettant d'échapper à tous les problèmes qui s'annoncent.

Voici donc mon point de vue : je crois que Jésus peut revenir à tout moment. Christ lui-même déclare qu'il viendra en un clin d'œil, et au moment où nous l'attendrons le moins. Par conséquent, je crois qu'il est dangereux, et même que c'est mal, d'envisager que « le Seigneur diffère sa venue ». (La parabole de Jésus dite « du bon et du mauvais serviteur » l'énonce assez clairement – NDLT : Matthieu 24 : 45-51 et Luc 12 : 35-47). L'Écriture est limpide comme le cristal : nous devons être prêts, pour son retour, à tout moment, éveillés, l'attendant et vêtus de pied en cap. Aussi et pour cette raison, je ne pense pas qu'un chrétien, un authentique vainqueur, se laissera prendre au dépourvu, puisqu'il recherchera continuellement son « époux » afin d'aller à sa rencontre.

Cela dit, je crois aussi que les chrétiens vont devoir supporter une grande mesure de souffrance. Déjà, beaucoup de croyants fidèles de par le monde subissent une féroce persécution. Par exemple, si vous parliez avec des chrétiens d'Indonésie aujourd'hui, ils vous confirmeraient qu'ils sont actuellement au cœur de la grande tribulation. Comme je l'ai signalé dans un chapitre précédent, des centaines de chrétiens chinois habitant dans ce pays ont été massacrés au cours d'émeutes fomentées par des foules de musulmans. Leurs comptoirs ont été renversés et brûlés et bon nombre d'entre eux jetés en prison. Ils sont pleinement conscients d'être pourchassés et persécutés par les forces démoniaques. Quand ils se réunissent, ils n'ont plus qu'un seul cri : « Viens vite, Seigneur Jésus ! »

Dans l'église de *Times Square*, nous comptons beaucoup d'étudiants de diverses nationalités. Certains de ces jeunes hommes et femmes ne savent même pas si leurs familles sont encore vivantes dans leur patrie. Notre bureau reçoit régulièrement des articles de journalistes appartenant à des agences de presse missionnaires qui couvrent cette persécution incessante de l'Église autour du monde, comme j'en ai déjà fait mention. Dans l'ensemble de l'Asie et de l'Afrique en particulier, des fidèles sont assassinés, torturés, bannis, coupés de leurs familles, et leurs enfants leur sont enlevés. Ils endurent les révoltes tribales, les guerres raciales, les massacres à la machette perpétrés par des rebelles fanatiques. Des milliers ont dû fuir leurs maisons et leurs villages, et ils ont échoué dans des camps de réfugiés. Même des professionnels de haut niveau et des techniciens supérieurs ont été licenciés et rejetés de leurs communautés. Si vous essayiez de les réconforter en leur disant : « Tous les chrétiens vont être délivrés avant que la tribulation ne survienne ! », cela ne suffirait pas à les rasséréner. Après tout, et jusqu'à maintenant, la souffrance ne les a pas épargnés. Ils répliqueraient : « Nous sommes dans la tribulation ! »

Il y a des multitudes de saints comme eux, des fidèles pour lesquels des expressions comme l'antichrist, Harmaguédon et la marque de la bête n'ont pas la moindre signification. C'est un luxe pour nous, en Occident, de raisonner et de spéculer sur ces événements prophétiques – voire de s'assembler, par milliers, à des exposés sur les prophéties – tandis que nos frères et nos sœurs, en d'autres lieux, doivent payer leur foi de leur vie.

Je connais plusieurs de ces chrétiens, sous d'autres cieux, qui sont convaincus que l'esprit de l'antichrist tient maintenant les leviers et les commandes, et lui résistent jusqu'à verser leur sang. Aucune conférence traitant d'une future bataille telle qu'Harmaguédon ne les concerne – parce qu'ils sont déjà en guerre, rien que pour survivre au jour le jour.

Mon but ici n'est pas de ridiculiser les enseignants ni les chrétiens qui suivent de telles conférences. Mais bien plutôt de vous persuader de ne jamais oublier ou minimiser le fait que plusieurs de nos frères et sœurs, en ce moment, traversent des épreuves et des persécutions inimaginables. En outre, je crois que le Seigneur s'afflige de voir des chrétiens scruter si intensément l'avenir, tout en négligeant l'apathie présente de leur propre cœur. En un mot, sur des sujets tels que l'antichrist, Harmaguédon et la marque de la bête, il y a trop de débats confus qui perturbent actuellement l'Église.

Beaucoup de chrétiens parlent, maintenant plus que jamais, de la venue du diable incarné dans « l'homme impie » ou antichrist.

Comme la grande majorité des chrétiens évangéliques, je crois qu'un monarque possédé du démon se lèvera à l'heure voulue de Dieu. Mais un antichrist à venir n'est pas ma préoccupation première, et ne devrait pas non plus être celle d'un enfant de Dieu.

Je n'ai pas le moindre doute que, lorsque « l'homme impie » prendra le pouvoir, chaque croyant vainqueur et triomphant sera déjà avec Jésus (NDLT : 2 Thessaloniciens 2 : 3, 7-8. Certaines versions Segond précisent « *l'homme d'impiété* », c'est-à-dire « *de rejet de toute loi* » – et Darby traduit : « *l'homme de péché* »).

L'idée même que Christ puisse permettre à un démon – incarné dans quelque tsar – de séduire son épouse bien-aimée en lui faisant adorer une bête, dépasse mon entendement. Je ne peux tout simplement pas envisager que notre Seigneur se tiendrait là, sans bouger, et permettrait au diable de molester l'épouse de son propre Fils, juste avant la cérémonie du mariage. C'est impossible! L'épouse du Christ ne sera pas violée par l'antichrist du diable au dernier moment.

J'estime que le plus important à comprendre, en ce moment, c'est que l'esprit de l'antichrist est à l'œuvre dans ce monde depuis le jour de la croix.

« Jeunes enfants, c'est l'heure dernière; comme vous avez entendu qu'un antichrist venait, voici qu'il y a maintenant plusieurs antichrists : par là, nous reconnaissons que c'est l'heure dernière » (1 Jean 2 : 18). Jean nous exhorte ici à prendre garde à l'esprit de l'antichrist, en guerre contre nous, dans le temps présent. Il ne parle pas seulement d'un certain futur *superman* – mais d'un esprit d'antichrist qui est au travail, à l'instant même, essayant de tromper les élus :

- *« Car dans le monde sont entrés plusieurs séducteurs, qui ne confessent pas Jésus-Christ venu dans la chair. Voilà le séducteur et l'antichrist »* (2 Jean 7).

- *« Qui est le menteur, sinon celui qui nie que Jésus est le Christ? Celui-là est l'antichrist, qui nie le Père et le Fils »* (1 Jean 2 : 22).

- *« Tout esprit qui ne confesse pas Jésus, n'est pas de Dieu, c'est celui de l'antichrist, dont vous avez appris qu'il vient, et qui maintenant est déjà dans le monde »* (1 Jean 4 : 3).

En résumé, Jean écrit : « Quiconque nie que Jésus est Dieu, incarné dans la chair, a l'esprit de l'antichrist ». Il nous conseille de nous méfier des personnes religieuses, qui nous voleraient notre foi en Christ reconnu pour Fils divin du Dieu vivant. La définition qu'en donne Jean inclurait beaucoup de chefs d'églises, aujourd'hui. Par exemple, un sondage révèle qu'au sein d'une certaine organisation libérale protestante, moins de 40 % des pasteurs croient à la naissance virginale. Ils rejettent Jésus en tant que Christ – c'est-à-dire comme Dieu venu en chair. On peut toujours discourir, de façon convaincante, sur l'homme impie qui va venir abuser les nations. En fait, son esprit est déjà à l'œuvre, ici bas!

Jean nous avise : « Vous avez entendu parler de la venue d'un antichrist. Bien. Seulement, sachez qu'il est déjà là – et au travail parmi les pasteurs corrompus et blasphémateurs! » L'esprit de l'antichrist n'est pas un relent perceptible seulement dans un repaire attitré d'homosexuels, au comptoir d'un bar bondé d'alcooliques, dans les couloirs de nos ministères publics ou d'éducation nationale. Non, Jean nous le dit – vous le trouverez dans l'Église concupiscente et permissive, qui ferme sans remords les yeux sur le péché et qui excuse toutes les perversions, ainsi que dans ses prédicateurs et ses docteurs infidèles!

Le monde va-t-il entrer dans une guerre, au sens propre du terme, appelée Harmaguédon et qui aura lieu au Moyen-Orient? Oui, absolument!

Je crois qu'il y aura un rassemblement des peuples, pour la bataille d'Harmaguédon, exactement comme la Bible le prédit : « *Je vis sortir de la gueule du dragon, de la gueule de la bête et de la bouche du faux prophète, trois esprits impurs, semblables à des grenouilles. Ce sont des esprits de démons, qui opèrent des signes et qui s'en vont vers les rois de toute la terre, afin de les rassembler pour le combat du grand jour de Dieu, le Tout-Puissant. – Voici, je viens comme un voleur. Heureux celui qui veille et garde ses vêtements, afin qu'il ne marche pas nu et qu'on ne voie pas sa honte! – Ils les rassemblèrent dans le lieu appelé en hébreu Harmaguédon* » (Apocalypse 16 : 13-16).

Mais, pas plus que l'antichrist, cette dernière grande bataille entre Dieu et les nations ne doit devenir notre principal souci. Toutes les mauvaises populations rebelles impliquées seront balayées comme des fétus de paille, sur un simple mot de Dieu : « *Voici les nations, elles sont comme une goutte d'eau qui tombe d'un seau, elles ont la valeur de la poussière sur une balance ; voici les îles, elles sont comme une fine poussière qui s'envole »* (Ésaïe 40 : 15). *« Toutes les nations sont devant lui comme rien, elles ont moins de valeur pour lui que néant et vide »* (Ésaïe 40 : 17).

Pourquoi serais-je personnellement concerné par le « rassemblement des nations » et Harmaguédon, quand mon Dieu dit qu'ils ne sont rien à ses yeux ? Il va chasser au loin chaque puissance, en un instant par le seul souffle de sa bouche ! La guerre sur laquelle nous devons nous focaliser en ce moment est celle qui s'engage dans nos cœurs. Des théologiens puritains ont dépeint Harmaguédon comme une bataille symbolique – celle qui serait livrée pour l'âme de l'épouse du Christ. C'est une bataille qui a commencé au Calvaire et qui finira seulement avec le second avènement de notre Seigneur. Notre bataille n'a pas lieu avec la bête de l'Apocalypse de Jean mais avec la bête qui est au milieu de nous ! Satan s'en prend à l'épouse du Christ, essayant de la transformer en excentrique courtisane incrédule, avant le jour de ses noces. Par conséquent, tous nos efforts de guerre devraient être concentrés sur ces combats quotidiens – pas sur une stratégie dirigée contre un homme impie qui reste à venir.

Malheureusement, au cours des deux mille dernières années, des multitudes de chrétiens ont échafaudé et professé beaucoup de suppositions au sujet de la grande bataille d'Harmaguédon – tout en perdant la bataille quotidienne avec le péché. De telles personnes sont désillusionnées, à force d'imagination concentrée sur les prophéties ; finalement, beaucoup se sont égarées, parce qu'elles ont ignoré la lutte qui habitait leur propre cœur. À quoi bon accumuler des stocks entiers de connaissances prophétiques, prêchées et enseignées par le menu, si vous dérivez loin de l'intimité avec le Christ ? Même en sachant tout ce qu'il est possible de connaître dans le domaine prophétique, vous pouvez être pris au piège des mâchoires de la convoitise, y laisser votre foi et mourir dans l'indifférence générale : *« Bien aimés, je vous exhorte, en tant qu'étrangers et voyageurs, à vous abstenir des désirs charnels qui font la guerre à l'âme »* (1 Pierre 2 : 11).

Autrement dit : « Vous devrez disputer une bataille chaque jour – et c'est une bataille avec la convoitise ! Harmaguédon ? Mais vous avez Harmaguédon dans votre âme ! Et c'est le combat que vous devez livrer ! »

La marque de la bête, un événement prophétique qui a causé beaucoup de crainte et de confusion dans le corps de Christ.

En ce moment, l'Église est abreuvée d'explications ingénieuses mais très embrouillées, quant à la signification de la marque de la bête. C'est vrai que la Bible parle sans ambages de temps à venir, où nul ne pourra acheter ni vendre s'il ne porte pas cette marque – et personne n'obtiendra la marque sans adorer la bête. Quelle horrible époque ! Sans cette marque, il n'y aura aucun moyen d'acquérir de la nourriture, de circuler, ou même juste de vivre sa vie. Car il sera humainement impossible de subsister. La seule évocation d'un tel scénario est terrifiante pour beaucoup de chrétiens, parce qu'ils se voient déjà S.D.F., dépendant de la charité, tant d'aumônes que de miracles. Mais ces craintes ne sont pas fondées pour les authentiques croyants. La technologie de mise en place, pour un semblable système d'immatriculation, est vraisemblablement déjà au point. Des implants de bio-puces, de la taille d'un grain de riz, peuvent être insérés sous la peau d'une personne, dans le but de surveiller toutes ses transactions comme ses faits et gestes. D'autres procédés de pointe du même genre, visant à l'identification, ont d'ailleurs bien été développés : scanner de l'œil et de la face, empreinte de la paume, transpondeurs. (NDLT : les « transpondeurs » sont essentiellement utilisés, en France pour la télévision par satellite. Leur définition est approximativement la suivante : émetteur/récepteur qui produit un signal, en réponse à une interrogation électronique sur la fréquence appropriée.)

Mais – pour l'heure – j'abandonne aux exégètes de la prophétie qui sont intéressés par sa méthode toute spéculation concernant une procédure d'inscription de la bête.

Certains tenants de la pré-tribulation disent, qu'après que le Christ aura enlevé son Église, ceux qui seront encore sur cette terre pourront être sauvés seulement s'ils refusent la marque de la bête. Lisons Apocalypse 14 : 9-10 : « *Si quelqu'un se prosterne devant la bête et son image, et reçoit une marque sur le front ou sur la main, il boira, lui aussi, du vin de la fureur de Dieu* ».

Quelques auteurs modernes ont écrit des livres, à l'intention des laissés pour compte, afin de les exhorter à ne pas l'accepter. Ils appuient leurs pauvres mensonges d'espoir sur ce verset : « *Et je vis comme une mer de cristal, mêlée de feu, et les vainqueurs de la bête, de son image et du chiffre de son nom, debout sur la mer de cristal. Ils tiennent les harpes de Dieu* » (Apocalypse 15 : 2).

Ma conviction est que l'Église triomphante de Jésus-Christ sera avec le Seigneur, quand ce tatouage prendra effet. Les élus de Dieu ont déjà reçu un sceau sur leur front. Ézéchiel parlait « *des hommes qui soupirent et qui gémissent à cause de toutes les horreurs qui s'y commettent* (dans Jérusalem) » (Ézéchiel 9 : 4). En Apocalypse 7 : 3, nous entendons une voix du Seigneur crier aux quatre anges destructeurs : « *Ne touchez pas à la terre, ni à la mer, ni aux arbres, jusqu'à ce que nous ayons marqué du sceau le front des serviteurs de notre Dieu* ». En Apocalypse 9 : 4, il est interdit aux sauterelles investies d'un pouvoir démoniaque de « *toucher à l'herbe de la terre, ni à aucune verdure, ni à aucun arbre, mais seulement aux hommes qui n'ont pas le sceau de Dieu sur le front* ». Mieux encore, en Apocalypse 22 : 4, nous avons la promesse que les serviteurs de Dieu et de l'Agneau le serviront et verront sa face « *et son nom sera sur leurs fronts* ».

Nous, ses enfants, portons déjà son empreinte sur nos fronts ! Nous sommes rachetés par son sang, scellés, marqués et préservés pour la gloire. Qui oserait tenter de nous convaincre que, celui qui a déjà apposé son cachet sur nos fronts permettrait à Satan de remplacer la marque du Seigneur par la sienne ? Il n'y a pas de place sur mon front pour l'insigne du diable. Mon front a bel et bien été revendiqué et mon bras plongé dans le sang de l'Agneau de Dieu. La marque de la bête n'a rien à faire avec les vrais croyants !

En outre, à mon avis, il est inconvenant de la part des chrétiens – et un piètre témoignage pour le monde – de débattre indéfiniment de la question : les croyants triomphants seront-ils enlevés avant, pendant ou après la tribulation ?

Il existe des gens sincères, pour plaider en faveur de chaque aspect théologique ; et chaque parti dispose d'Écritures en abondance pour étayer sa position. Mais, pour moi, ces théories sont « hors sujet ». L'important, c'est que – et peu importe l'avenir ! – la Bible nous promette que Dieu ne nous laissera jamais orphelins. Il marchera avec nous au travers du feu, des grandes eaux ou de la famine. Il nous soutiendra au milieu de la dépression et du désastre. S'il a pu laisser passer, sans dommages, les enfants hébreux par la fournaise ardente et Daniel par la fosse aux lions, alors il peut aussi nous permettre de résister à tous les traits enflammés du diable. Nous sommes « son épouse » – et son amour nous délivrera !

Je crois, personnellement, que Dieu enlèvera son épouse avant de déverser ses ultimes coupes de colère sur la terre.

Et, oui ! J'attends continuellement la venue de Jésus.

Tandis que tant de chrétiens se polarisent sur l'antichrist, Harmaguédon et la marque de la bête, un événement prophétique plus important a lieu. Et même certains spécialistes en prophéties ne s'en rendent pas compte.

Considérez le laps de temps, incroyablement court, pendant lequel la crise économique globale s'est produite. Il y a juste quelques mois, la terre entière baignait dans l'euphorie. Le tigre d'Asie anticipait des décennies de prospérité, déroulant leur tapis rouge à ses pieds. Et l'Amérique paraissait à l'épreuve de toute dépression. Mais voilà qu'en date du 2 juillet 1997, un événement se produisit qui culbuta le premier domino et l'holocauste s'amorça. Le jour où la Thaïlande ne fut plus capable de maintenir sa devise, son régime succomba. Depuis lors, voici ce qui est arrivé :

- Le 27 octobre de cette année-là, le marché de Hong Kong se replia. Son affaissement plongea pratiquement le monde entier dans la crise. Sur chaque place financière, les observateurs guettaient, le souffle court, les conséquences de la conjoncture. Hong Kong ne récupéra jamais entièrement.
- Le 24 novembre, liquidation à Tokyo de *Yamaichi Securities*, la plus ancienne et l'une des quatre principales sociétés de Bourse du Japon. Bientôt, ce pays connut une récession profonde ; aujourd'hui, il est en pleine déconfiture.
- Le 18 décembre, la Corée du Sud procéda à des élections présidentielles, dans l'espoir de freiner le dérapage monétaire du pays. Sans résultat.
- Le 21 mai 1998, en Indonésie, Suharto démissionna après trente-deux ans de pouvoir. Immédiatement, éclatèrent des manifestations, qui firent de nombreux morts. L'Indonésie sombra dans la dépression.
- Le 19 juin, la Russie sollicita du Fonds Monétaire International qu'il lui évite une complète déstabilisation. La semaine suivante, le 27 juin, sa Banque Centrale suspendait tout commerce de devises étrangères. Le rouble s'effondra et la Russie descendit socialement et économiquement en piqué.
- Le 28 août, la Bourse des valeurs américaine vacilla, avant de tomber de plus de mille points compilés. Tout le monde estima que la chute dépassait les dix pour cent.

Dire qu'il a fallu si peu de temps, pour que tout bascule ! En l'espace d'une petite année, on est passé d'une extatique prospérité et d'un optimisme délirant à la confusion et à l'appréhension. Les devises sont considérablement affaiblies, les gouvernements dans l'agitation et toute la planète en reste tremblante et choquée.

Pourquoi tout s'est-il produit tellement soudainement ? Et pourquoi maintenant ? D'ailleurs, pourquoi cet holocauste économique a-t-il impliqué la terre entière ? Qu'est-ce que tout cela signifie ?

Sans aucun doute, le Seigneur déchaîne le jugement sur des nations, parce qu'elles ont impitoyablement attaqué les enfants de Dieu, comme je l'écrivais au chapitre 5.

Le Pakistan et l'Afghanistan, qui ont torturé et décapité les chrétiens, sont sur le fil du rasoir, en équilibre précaire au-dessus du gouffre. Le Seigneur leur dit catégoriquement : « Je suis en procès avec chaque nation qui touche à mon épouse ! »

À l'évidence, Dieu polémique avec l'Amérique, également. Nos chefs politiques, les juges et les éducateurs, qui ont fait du « politiquement correct », ont agi aussi avec un semblant d'élégance pour harceler le corps du Christ. Nos lois et nos statuts ont déjà écarté les Dix Commandements de nos cours de justice et, maintenant, s'apprêtent à effacer le nom de Dieu de nos pièces de monnaie. Le gouvernement permet à des écoles de fournir des préservatifs aux enfants, en même temps qu'elles bannissent la prière et la mention de Dieu des salles de classe. Je crois que toutes ces choses – l'exaltation de la dépravation, aussi bien que cet empressement à détruire tout ce qui est saint dans notre société – font partie des raisons pour lesquelles l'Amérique est sur le point d'éprouver une longue et grave dépression.

Et, comme tant d'autres nations, nous tombons aussi sous le coup du châtiment de Dieu pour notre méchanceté et notre violence. Pourtant, il existe une cause bien plus spécifique, à ces secousses impressionnantes que Dieu inflige au monde entier.

Le Christ, comme autrefois, emmène ses élus dans le désert, afin que se détache « le reste fidèle » qui lui fera entièrement confiance en tant que Sauveur et dispensateur.

La Parole de Dieu contient une promesse glorieuse, que son peuple n'a pas encore revendiquée. Et c'est une promesse particulièrement appropriée, dans des périodes comme ces derniers temps. Dieu s'est engagé auprès des siens : « *Il reste donc un repos de sabbat pour le peuple de Dieu* » (Hébreux 4 : 9).

Même aux jours du roi David, Dieu cherchait un peuple qui entrerait dans ce repos divin. Jusqu'à présent, seules quelques rares personnes parmi ses enfants l'ont connu. Force est de constater que la plupart d'entre eux n'ambitionnent pas spécialement le repos de Dieu, aujourd'hui. C'est pourquoi l'auteur de l'épître aux Hébreux nous pousse : « *Empressons-nous donc d'entrer dans ce repos-là, afin que personne ne tombe, en suivant le même exemple de désobéissance* » (Hébreux 4 : 11).

Le repos est une confiance totale en Dieu, pour toutes choses.

Lorsque Dieu emmena les Israélites dans le désert, il le fit dans le but spécifique de les introduire dans son repos. Il dépouilla le peuple des commodités humaines, lui ôtant tout point d'appui apparent. Les Israélites n'avaient pas de nourriture, pas d'eau, pas de maison, pas de travail, rien qui puisse subvenir à leurs besoins – sinon le Seigneur lui-même. Dieu leur demanda de vivre seulement par la foi en lui, qui était leur sécurité et la source de toutes choses. Il leur dit : « Je serai votre Dieu ; je serai tout, pour vous. Croyez, simplement, et faites-moi confiance ! » Hélas, ils échouèrent lamentablement. Ils virent le Seigneur produire miracle de délivrance après miracle de délivrance en leur faveur. Ils le virent envoyer le pain des cieux, la viande du ciel et tirer l'eau d'un rocher. Mais ils murmurèrent et se plaignirent continuellement de leur existence dans le désert. Ils accusèrent même le Seigneur d'essayer de les tuer, en leur enlevant tout moyen de survie. Quelle épouvantable incrédulité ! Dieu supporta ce peuple ingrat et sceptique pendant quarante ans.

Pourtant, je crois que Dieu éprouve une peine encore plus grande devant son Église, aujourd'hui. Je vous le demande : comment considère-t-il ses enfants, en ce moment ? Que voit-il ?

Il voit un peuple qui s'épuise à s'efforcer de maintenir son niveau de vie. Beaucoup de croyants, actuellement, développent de l'indifférence et de l'inertie face aux choses de Dieu. À l'inverse, ils s'adonnent intensivement aux mondanités et à la poursuite des biens matériels. Ils n'ont pas le temps de chercher le Seigneur avec un cœur entier. Certains prient même égoïstement pour le Réveil, dans l'espoir que Dieu soit apaisé et renonce ainsi à les priver de leur prospérité.

Il voit ses enfants s'inquiéter de la Sécurité sociale, des fonds de retraites, de l'amortissement des crédits, de leurs investissements… Il les voit remplis d'anxiété, comme si leur survie dépendait de leur ingéniosité et de leur sagesse, ou seulement de la bonne foi du gouvernement.

Mais tout est sur le point de changer ! En fait, la dégradation économique globale se produit dans un but très particulier : Dieu est sur le point d'emmener son Église dans le désert, pour la tester – c'est-à-dire de nous dépouiller de nos structures humaines et de nous faire dépendre entièrement de lui ! Notre Seigneur va nous dessaisir de nos aises et de nos facilités, de notre immense et permanent flux financier, de ce que nous dénommons *high-tech* – toutes nos technologies de pointe, ces avoirs dont nous pensions qu'ils seraient toujours disponibles.

Pourquoi ? Il le fait parce que notre génération actuelle n'a jamais su lui faire confiance, que ce soit pour le vêtement, le logement, la vie professionnelle ou le pain quotidien. Nous sommes devenus tièdes, indépendants, matérialistes. Et très bientôt, nous allons être propulsés dans un monde d'un genre tout à fait différent. Ce sera un monde plus pauvre chaque jour – un monde de chômage par manque d'emplois, de pénurie, de privation physique. La loi de l'offre et de la demande sera inversée : beaucoup de vendeurs et peu d'acheteurs. Tout cela pour permettre à Dieu de nous « courtiser » à nouveau. Il va ranimer notre besoin de foi et nous introduire dans son repos. Et il va le faire au nom de l'amour !

Dieu nous l'a fait savoir par le prophète Osée : « *C'est pourquoi je reviendrai prendre mon blé en son temps et mon vin nouveau dans sa saison. Et je retirerai ma laine et mon lin qui devaient couvrir sa nudité. Et maintenant je découvrirai sa flétrissure aux yeux de ses amants, et nul ne la délivrera de ma main. Je ferai cesser toute joie, ses fêtes, ses nouvelles lunes, ses sabbats, et toutes ses solennités. Je ravagerai ses vignes et son figuier, dont elle disait : "C'est le salaire que m'ont donné mes amants !" Je les réduirai en une forêt, et les bêtes des champs les dévoreront »* (Osée 2 : 11-14).

Le Seigneur stipule, dans ce passage : « La fête est finie, bonnes gens. Toute l'ivresse, toute la jubilation des possessions et de l'abondance – c'est terminé, maintenant. Toutes ces choses dans lesquelles les gens ont mis leur confiance – fortune, bijoux, richesses – vont retourner à la poussière, sous vos yeux ! »

CHAPITRE HUIT

UN DÉSIR ARDENT DE LA PRÉSENCE DU SEIGNEUR

COMMENT LES CHRÉTIENS DEVRAIENT RÉAGIR, EN DE TELLES CIRCONSTANCES

Toutes les fois que les gens m'interrogent, quant à l'avenir économique de l'Amérique, je leur dis la vérité – mais ils préfèrent rapidement changer de sujet.

Tout le monde sent qu'un bouleversement est imminent, mais personne ne veut l'affronter. Un avocat de mes amis a fait cette réflexion caractéristique : « Je sais que quelque chose de peu commun se prépare et qu'un orage va probablement venir. Mais je n'ai pas vraiment envie d'en entendre parler. J'espère seulement qu'il va s'arrêter de gronder, et que tout rentrera dans l'ordre aussi vite que possible. »

D'autres prennent mes avertissements à la légère, comme s'ils faisaient partie intégrante d'une théorie personnelle ou, même, d'une aberration doctrinale. Ils refusent d'entendre de mauvaises nouvelles.

Mais en réalité, mon message est modéré, comparé aux avertissements des observateurs et des experts économiques de ce monde.

Considérez ce qu'un spécialiste laïque a écrit : « S'il existait une chaîne de télévision pour les sciences économiques – du type de celle qui présente la météorologie – des *speakers* frénétiques interrompraient maintenant la programmation régulière, pour diffuser des bulletins ponctuels sur ce qu'ils appelleraient "la tempête du siècle" : un cataclysme aussi impressionnant, ou davantage, que la Grande Dépression des années 30. Si, à Dieu ne plaise, il atteignait les États-Unis… Attention ! Les cours du marché des actions pourraient facilement chuter des deux tiers ou six mille points sur le Dow Jones. Et cela pourrait bien exiger une décennie, ou plus, pour récupérer. Cet orage me donne le frisson. »

Dieu n'avertit plus seulement par la voix des prédicateurs. Mais à présent, ses porte-parole comptent aussi des séculiers. J'avais prévu depuis le début que le marché plongerait d'au moins cinq mille points. Mais cet auteur prédit que la perturbation va être encore pire ! Et il continue à brosser le tableau d'une économie, comme un cœur de réacteur nucléaire en fusion qui ferait fuir les investisseurs et causerait la panique. Et cette panique, à son tour, anéantirait entièrement les fonds communs de placements mutualistes. En effet, il y a comme une sorte de pressentiment, qui se répand sur Wall Street. Toutes les fois que je parcours le quartier des finances, ici à New York, je le lis sur le visage des commerciaux et des analystes. Ils savent tous qu'il y a quelque chose dans l'air. Vous avez le droit d'être las, d'entendre toujours parler de turbulences et souhaiter les chasser de votre esprit. Malheureusement, cela ne changera rien à la réalité. La véritable crise économique, qui prend des proportions démesurées à l'échelle globale en ce moment, est inévitable et imparable. Les États-Unis d'Amérique – la gigantesque, la superpuissance planétaire – sont sur le point d'être irrémédiablement humiliés et châtiés !

Le jour où le marché des actions des États-Unis s'effondra en 1929, ce qui déclencha la Grande Dépression, Elliott Bell du *New York Times* dépeignit ainsi l'atmosphère :

« Ce fut la journée la plus terrifiante, et la plus surréaliste, que j'aie jamais vue à Wall Street. Tout commença par un jour frais et couvert.

Un léger vent de nord-est soufflait sur les *canyons* de Wall Street. La température se situait autour des 10° : banquiers et courtiers boutonnèrent leurs manteaux. Vers onze heures, l'orage tonna. C'était un déluge. Il vint avec une férocité qui laissa les hommes stupéfaits. Le marché descendit subitement au niveau plancher. Wall Street devint une vision de cauchemar. Les commerçants – qui, quelques petits jours plus tôt, nourrissaient des rêves de fortune – virent tous leurs espoirs s'évanouir dans un effondrement absolument dévastateur, infiniment au delà de leurs cauchemars les plus fous, jusqu'à ce que tout paraisse irréel. La tempête instaura un sentiment de danger, comme celui qui s'empare des hommes sur un bateau qui chavire ».

Mon cri d'alarme, aujourd'hui, n'est plus « la tourmente arrive! » car la tourmente est déjà tangible. Elle explose au-dessus de nos têtes et elle submerge le monde entier!

Ce chapitre concerne l'état spirituel du peuple de Dieu et sa capacité de réaction dans les temps difficiles.

Je crois que la façon dont nous réagirons quand nous serons témoins de tous les désastres qui vont bientôt frapper notre nation passionne notre Seigneur. Il sait que notre style de vie va changer, d'une manière que nous ne pourrions jamais imaginer et il veut que nous soyons prêts. En ce moment, tandis que je regarde les nuages noirs s'amasser au-dessus de nous, je réalise que tout ce qui est inutile et frivole dans ma vie doit disparaître. Chaque ambition impie, désir avide, rêve égoïste, racine d'amertume, attachement au monde, tout ce qui a corrompu ou gêné ma communion avec le Seigneur, doit changer. La vie ne peut plus continuer comme d'habitude pour n'importe lequel d'entre nous. Si nous voulons être capables de tout supporter, notre marche avec le Seigneur doit devenir totalement différente de ce qu'elle est aujourd'hui.

Une majorité accablante d'Américains (y compris des multitudes de chrétiens) ont été fascinés par la débauche sexuelle de Washington, D.C. Cette fascination est tout à fait incompréhensible pour le reste de la planète, surtout alors que tout s'émiette dans la banqueroute. Le ridicule international qui nous a accablés prend place dans le jugement de Dieu. Il a fait de l'Amérique la risée du monde en nous déshonorant et en nous humiliant. Dieu agite tout ce qui est susceptible d'être agité à la surface du globe. Les faillites et le chômage entraînent des suicides. Et voilà que les États-Unis, incomparable superpuissance, sont tout près de voir leur économie fracassée. Les Américains vont devoir faire face à des situations de précarité et de carences.

Devant le marasme qui se précise, je m'interroge : qu'est-ce qui sera le plus important pour nous, au milieu de la détresse? Nous ne nous prétendrons sûrement plus débordés de travail, nous ne nous demanderons certainement pas si nous avons le meilleur avocat ou la plus belle des demeures, ou la plus puissante des voitures que nos finances nous permettent. À ce moment-là, tout se résumera à quelques questions incroyablement basiques. Et je pense que notre tâche consiste, maintenant, à cerner ces points essentiels.

J'ai vraisemblablement trouvé ma réponse au cours d'un récent voyage que mon épouse et moi avons fait en Israel. Elle m'est venue tandis que je priais sur le mont Carmel. J'avais demandé à mon hôte de me déposer dans un secteur privé, pas très loin du sommet de la montagne. Je voulais m'imprégner de cette ambiance pendant quelques heures et voir si le Seigneur avait quelque chose de spécial à me dire, tandis que je passais du temps seul avec lui. Dès que je suis sorti de la voiture, j'ai constaté que je surplombais la vallée menant à Jizréel. C'était une vue prestigieuse. J'imaginais le prophète Élie, dépassant le char du roi Achab en courant à travers la plaine (NDLT : 1 Rois 18 : 18-46). Aujourd'hui, il faut une demi-heure d'automobile pour parcourir cette distance, d'environ seize kilomètres. Quelle puissance surnaturelle était à l'œuvre, pour qu'Élie réussisse un tel exploit! Puis, j'ai pensé : « C'est quelque part, tout près d'ici, qu'Élie a construit un autel et invoqué le feu du ciel. Quatre cents faux prophètes furent massacrés, ce jour-là. Le sol même sur lequel je me tiens a bu leur sang ». Je me suis tourné vers la gauche et j'ai admiré le bleu de la Méditerranée. Je me suis souvenu : « C'est ici qu'Élie a prié sept fois, pour demander la pluie. Le petit nuage qu'il a vu – celui qui était *"comme la paume de la main d'un homme"* – venait sans doute de cette direction, de ce qui est maintenant le port d'Haïfa ». Tout en contemplant la montagne du Carmel, je me suis demandé : « Comment Élie a-t-il pu hisser autant d'eau jusqu'ici, surtout en période de pénurie ? Cela semble tellement fantastique, que ces choses aient pu se produire. Mais nous savons que c'est vrai. Le Seigneur a tout accompli pour les siens. » J'attendais là, sur le mont, espérant être saisi d'un sentiment particulier ou d'une révélation du Seigneur. Et j'ai entrepris de l'invoquer : « Seigneur, je me tiens où Élie s'est tenu. Et je prie où il a prié. Ta Parole précise qu'Élie était un homme, sujet à des passions humaines, exactement comme nous. Cela signifie que je peux te prier et te toucher, juste comme il l'a fait. Parle-moi, Père. S'il te plaît, ouvre mon esprit, pour que j'entende ce que tu veux me dire ». Pourtant, aucune manifestation extraordinaire ne m'a été accordée… Peut-être à cause de toutes les canettes de Coca-Cola vides et aplaties, ou des emballages de *hamburgers* MacDonald qui jonchaient les buissons avoisinants. Peut-être à cause des adolescents, qui jacassaient et se caressaient sans gêne dans une voiture à-côté. Quoi qu'il en soit, je n'ai rien reçu du Seigneur, ce jour-là. Plus tard, j'ai éprouvé la même déception au tombeau du Christ à Jérusalem et dans les autres pseudos emplacements sacrés. Même le jardin de Gethsémané ne m'a rien apporté. Peut-être était-ce en raison du mercantilisme grossier, tout autour de ces lieux singuliers. Je n'ai rien ressenti du tout de la part du Seigneur.

Notre principale motivation pour visiter Israël consistait dans la dédicace d'une nouvelle Église que notre Centre avait aidé à construire, sur le mont Carmel. C'était une expérience merveilleuse. Voir la gloire du Seigneur et le feu sacré de l'Esprit de Dieu tomber du ciel, pendant le service de consécration, avait quelque chose d'impressionnant.

Entre réunions et déplacements, je me suis ménagé des étapes de qualité, seul avec le Seigneur dans la prière. J'étais reconnaissant de ces précieux instants avec lui. Et pourtant – au fond de mon âme – une sensation de manque, un peu comme un vide dans notre mission, allait croissant. Je savais que nous étions à notre place, que nous accomplissions parfaitement la volonté de Dieu : après tout, il nous avait indiscutablement dirigés jusque-là. Mais ce séjour n'éveillait en moi que la satisfaction du devoir accompli. Et cette étrange sentiment a continué à tracasser mon esprit. Je n'ai identifié cet élément absent que sur le chemin du retour en survolant l'Océan atlantique. C'est alors que ça m'a frappé : « Je rentrais à la maison ! » Seulement, le mot « maison » ne m'évoquait ni un pavillon ni un appartement. cela voulait plutôt dire que je serais bientôt non seulement dans notre foyer, mais dans une pièce particulière, un espace auquel je pense un peu comme à mon terrain de supplications personnel, où je sollicite la présence de Dieu. Mais les verbes « supplier » et « solliciter » signifient bien davantage : « désirer ardemment, aspirer profondément, rechercher sans répit, poursuivre ». L'endroit dont je parle est beaucoup plus qu'une pièce réservée à la prière pour moi. C'est là que je rencontre mon Seigneur bien-aimé pour lui confier les aspirations profondes de mon âme. C'est là que je soupire librement après lui et que je recherche sa communion en tête-à-tête. J'ai réalisé dans l'avion que j'avais un besoin pressant et impératif de me réfugier avec lui dans cette chambre. Cette nécessité impérieuse se développe de plus en plus fort dans mon cœur chaque jour. J'ai réalisé aussi que le mont Carmel était « le lieu secret » d'Élie. Il s'y est rendu de nombreuses fois pour prier. Et Jésus est allé souvent sur les montagnes, pour prier. En ce qui le concernait, c'était l'endroit approprié pour communier avec le Père. Chaque prophète, dans la Bible, avait un propre « lieu secret » réservé à l'adoration et l'imploration. Et je crois que chaque chrétien, qui prend au sérieux sa marche avec le Seigneur, devrait avoir le sien.

Enfin, quand nous sommes arrivés à la maison, je me suis précipité dans mon lieu de prière à la première occasion. J'ai fermé la porte, levé mes mains vers le ciel et me suis écrié : « Oh ! Seigneur ! Tu m'as manqué ! J'ai langui après ce lieu secret où nous nous retrouvons. J'ai soupiré, toute une semaine, après mes rendez-vous avec toi. C'est ici mon jardin de Gethsémané, mon mont Carmel – le poste avancé où je viens communier avec toi ! »

C'est dans mon 'lieu secret' que Dieu m'a enseigné :

1. Je suis entièrement convaincu que Dieu va merveilleusement protéger les siens et pourvoir parfaitement à leur bien-être dans les phases critiques à venir. Notre Seigneur n'abandonnera pas ses propres enfants à l'heure où la nécessité se fera le plus sentir. Il nous fournira des vivres, un toit et le vêtement. Et il nous prodiguera aussi son appui, ses conseils et sa direction afin de préparer cette période et la surmonter dans le domaine de notre travail et de nos affaires comme dans notre vie personnelle. Il ne nous nourrira sans doute pas de *filet mignon*, (NDLT : en français dans le texte) mais il assurera la subsistance nécessaire à notre survie. Jésus dit qu'il sait de quoi nous avons besoin avant même que nous le demandions – et c'est précisément cette assurance qu'il nous faut.

2. Cependant un ravitaillement miraculeux, à long terme et au coup par coup, peut devenir une expérience préjudiciable à nos âmes. Jugez-en par ce qui est arrivé aux enfants d'Israël, dans le désert aride. Pendant quarante longues années, ils n'ont manqué de rien. Le pain des anges tombait du ciel. L'eau a jailli d'un rocher. Leurs tentes ne se sont jamais détériorées : pas trace de vétusté ni de déchirure au fil des ans. Leurs sandales, leurs turbans et leurs vêtements ne se sont jamais usés. Dieu les a aussi surnaturellement protégés des brûlures du soleil grâce à un nuage qui surplombait leur camp – dans une contrée suffocante où la température de plus de 40° aurait fini par les tuer. Et le Seigneur les a préservés des attaques de leurs ennemis. Alors que les nations entourant Israël campaient dans la confusion et l'angoisse, le peuple de Dieu bénéficiait de pain, d'eau, d'un abri et de soins quotidiens.

En bref et dans cet intervalle malaisé, Dieu a tout accompli pour Israël, ce qui – nous l'espérons et l'en prions – nous suffira aussi, dans les jours difficiles. Pensez-y : les Israélites étaient sans emploi et sans aucune ressource. Pourtant, tous leurs besoins ont été satisfaits. Dieu a tout fait pour eux – et il n'en fera pas moins pour nous aujourd'hui. Le Seigneur a déjà démontré sa puissance envers son peuple et il n'a donc plus rien à prouver. Nous savons qu'il agira encore ! Au milieu de toutes les nouvelles effrayantes, nous devons entendre le message de la sainte Parole de Dieu par laquelle il promet de garder et de préserver tous ceux qui lui font confiance. Ce même Dieu qui a pris un tel soin affectueux d'Israël pendant son errance nous entourera aussi bien.

Mais si votre sécurité personnelle est le premier de vos soucis, si tout ce qui vous intéresse est de survivre au chaos économique, alors vous êtes bien partis pour une existence misérable et exténuante !

Je crois que Dieu attend que nous fassions notre part, pour nous préparer à l'orage qui vient, bien que, même en disposant de tout le nécessaire pour surmonter la crise (des provisions pour dix ans, un refuge dans la campagne, nos propres puits, un générateur, un poêle à bois…) nous puissions avoir tout faux à l'arrivée ! Nous pouvons être convaincus que nous sommes parés pour la vie, mais manquer entièrement notre but. Si nous aspirons aux dispositions de Dieu mais pas à sa présence, nous finirons comme les Israélites, agités, creux, puis éloignés de lui. Nous serons affermis ici sur terre, mais incertains quant à l'éternité !

Le temps passant, Israël se fatigua des accommodements sommaires qu'il tenait, pourtant, de la main du Seigneur. Tous commencèrent à murmurer et se plaindre, à s'interroger sur la puissance et l'amour de Dieu envers eux, alors même qu'ils en recevaient des attentions quotidiennes et prodigieuses. Que ce ne soit pas notre cas, dans la tourmente ! Jésus nous avertit, très clairement, de ne pas focaliser sur des soucis temporels (ce que nous mangerons, quels vêtements nous porterons, comment nous serons logés) : « *La vie n'est-*

elle pas plus que la nourriture et, le corps, plus que le vêtement ? » (Matthieu 6 : 25).

Christ nous dit : « Votre survie, dans les périodes difficiles, ne devrait pas vous préoccuper. Pas plus que la nourriture, l'eau ou l'hébergement. Votre Père céleste sait déjà que vous en avez besoin et il est prêt à vous les donner. Non ! Votre unique pôle d'attraction devrait être votre relation avec moi ! Faites de moi votre priorité. Ayez un cœur droit devant moi… et tout le reste vous sera prodigué. Si vous remplissez votre cœur de bonnes choses, je remplirai de bonnes choses votre panier ! »

Nous devons apprendre que la présence de Dieu *est* notre protection. Nous ne pourrons tout simplement pas survivre dans les jours à venir, si nous ne ressentons pas à en mourir l'exigence de sa présence quotidienne. Dans ces temps mauvais, nous devons sentir qu'il est avec nous.

Moïse savait très bien que, sans la présence de Dieu, les Israélites ne surmonteraient jamais les dangers qui les menaçaient. Ils s'étaient déjà corrompus eux-mêmes en mangeant, buvant et dansant nus devant un veau d'or. Dieu était si irrité, par leur idolâtrie flagrante, qu'il leur avait donné le nom de « *peuple à la nuque raide* ». Et il dit à Moïse : « *Ma colère va s'enflammer contre eux, et je les exterminerai* » (Exode 32 : 9-10).

Finalement, Dieu épargna Israël, parce que Moïse était intervenu en sa faveur, mais en y mettant une terrible condition. Le Seigneur précisa : « Oui, je te laisserai entrer dans la terre où coulent le lait et le miel. J'enverrai même un ange, pour t'y conduire. Et je chasserai tous tes ennemis devant toi. Mais je ne serai pas avec toi, Israël. Ma présence ne sera plus au milieu de vous ! »

Quand Moïse l'entendit, il fut plus qu'affligé. Il réagit en plantant sa tente hors du camp des Israélites, loin, à l'écart du reste du peuple – et, là, il commença à implorer le Seigneur : «*…ce peuple a commis un grand péché. Ils se sont fait des dieux d'or* » (Exode 32 : 31). Il est à noter que Moïse établit une distinction entre deux fautes d'Israël : d'abord, le « grand péché » et en second lieu, la fabrication d'une idole.

Apparemment, le premier péché a conduit au suivant. Ainsi donc, quel était ce « grand péché » qui a poussé Israël au culte d'une idole en or ? Le grand péché d'Israël est toujours le grand péché des enfants de Dieu aujourd'hui : un manque de respect pour la présence du Seigneur dans leurs vies personnelles ! Les Israélites prenaient à la légère la sainte présence de Dieu au milieu d'eux. Ils n'avaient pas dans leur cœur cette volonté de communion avec lui.

Ils désiraient évidemment ses bienfaits, sa protection, son salut… mais pas sa présence !

Des millions de chrétiens, aujourd'hui, n'ont rien de plus qu'une relation « conventionnelle » avec le Seigneur.

Une foule d'adeptes du Seigneur professent, à juste titre : « Je me repose sur la promesse du salut de Dieu, par la foi en Christ, qui l'a accompli sur la croix. Par conséquent, je suis sauvé : je suis un croyant ». Je ne conteste pas un seul mot. *Stricto sensu* (c'est-à-dire en termes strictement légaux), nous sommes tous sauvés en tant que fils et filles de Dieu. Nous sommes adoptés dans sa sainte famille, et puisons le repos dans cette certitude. Cependant, si tout ce que nous avons avec Dieu est un contrat légal ou une convention, nous avons manqué le but. Un acte purement juridique ne peut jamais, à lui tout seul, mener à un désir de communion, à la sainteté, ni à connaître le Seigneur dans la plénitude. Si notre relation avec notre Père céleste ne va pas plus loin que cette formalité, alors où est le lien qui existe entre l'enfant et le père ? Où est notre désir ardent et profond de faire l'expérience de son amour ? Où est notre soif inextinguible de son affection et de la communion avec lui ?

Voilà un certain temps, quelqu'un m'a remis un sermon diffusé sur internet. C'était un message puissant et brillant, émanant d'un prédicateur qui mène une vie anarchique. Cet homme fume et boit ouvertement et chaque fois qu'on le voit dans un restaurant, c'est avec une belle actrice à son bras. Pourtant, il a rédigé un sermon dont voici le thème central : « Vous devez pénétrer jusqu'au tréfonds de votre cœur afin d'y puiser la foi, vous emparer de l'œuvre parfaite du Christ pour vous, et ne jamais laisser personne vous en arracher ! » Sa prédication est tout à fait valable… Pourtant, elle est strictement conventionnelle. Elle ne dit rien de l'amour, de la dévotion, de l'approche de Dieu, de l'aspiration à la sainteté. Et c'est bien ce qui rend si vide le message de cet homme inconséquent.

Ceux qui ont vraiment fusionné avec Dieu, et qui expérimentent le don quotidien de son salut, souhaitent intensément être formés et conformés à l'image du Christ. Mais ce vœu ne peut pas se réaliser au moyen d'une formule réglementaire ; il doit s'accomplir dans l'amour, l'affection, la communion. Et le fait est qu'une personne dont l'existence est dissoute ne veut jamais entrer en présence du Seigneur parce qu'il dénoncerait son cœur plein de péché !

Les Israélites ayant fini par manquer ainsi d'amour et d'affection envers leur Père céleste, Dieu leur a offert ce qu'ils voulaient vraiment : un contrat légal. Il leur a fait la promesse irrévocable de les sauver de la destruction, leur procurer une bonne vie et des bénédictions ainsi qu'un ange pour les guider dans leur voyage. Mais, parce qu'ils gardaient « la nuque raide », sans manifester de désir ou de respect pour l'intimité avec le Seigneur, il leur a complètement retiré sa présence. Jusqu'alors, les engagements de Dieu envers Israël découlaient tous de cette relation amoureuse qu'il avait avec son peuple. Il leur avait dit : « Je vous ferai sortir de l'Égypte et je briserai vos chaînes. En retour, je veux juste que vous m'aimiez de tout votre cœur ! » C'étaient autant de mots doux, des paroles pleines de tendresse. Pourtant, le temps passant, ils sont devenus ni plus ni moins qu'un triste langage juridique, qui s'adressait à une nation composée d'individus de plus en plus endurcis.

Et c'est bien tout ce que certains chrétiens attendent de Dieu : une promesse formelle. Ils veulent pouvoir se tranquilliser : « J'ai mon "assurance incendie", je sais que je n'irai pas en enfer ; je suis libre de faire tout ce qui me plaît ». Après quoi, ils vivent comme des démons.

Mais quelle surprise guette ces pauvres âmes aveugles !

Dans les jours sombres à venir, le plus grand nombre – satisfait de survivre – ne souhaitera qu'être affranchi de l'enfer ; mais Dieu aura un "reste fidèle" précieux, hors de tout système religieux, qui le cherchera avec un cœur entier.

De la prière désespérée de Moïse, s'éleva ce cri : « *(Éternel !) Si tu ne marches pas toi-même avec nous, ne nous fais pas monter d'ici* » (Exode 33 : 15). Quelle relation puissante ! Pour l'essentiel, Moïse adjurait : « À moins que nous n'ayons ta présence, Seigneur – une communion avec toi et les directives de tes lèvres – toute promesse légale restera vaine. Tu pourrais aussi bien nous laisser ici, comme si c'était la fin du voyage. Autant mourir maintenant et sur place. Sans ta présence, nous ne valons pas mieux que les païens gisant autour de nous. Oh ! Père – c'est ta présence, en nous et parmi nous, qui fait de nous un peuple à part ! Nous te remercions, mon Dieu, de tes bienveillantes promesses de prendre toujours soin de nous. Nous sommes reconnaissants pour ton engagement de nous protéger et de pourvoir à nos besoins en ces jours de jugement. Nous savons que tu es fidèle, pour commander à tes anges de garder les yeux sur nous. Mais, Seigneur, nous aspirons à beaucoup plus que ta sécurité. Nous désirons ardemment et nous espérons ta présence. Nous voulons marcher tout près de toi, te saisir, goûter des moments d'intimité avec toi ! »

Au cours de notre voyage en Israël, nous avons rendu visite à deux femmes consacrées, de la Fraternité Luthérienne de Marie. C'est une fondation due au ministère merveilleux de Basilea Schlink, maintenant dans sa 80e année, et qui vit en Allemagne. (NDLT : la Fraternité de Marie, luthérienne à l'origine, est maintenant considérée comme « interdénominationnelle ». Cofondée par Klara et Basilea Schlink, elle regroupe 200 femmes de 20 pays différents, dans ce que certains nomment « un couvent protestant ».)

Les deux sœurs, en Israël, ont une propriété sur le mont des Oliviers, où elles travaillent à l'œuvre du Seigneur depuis trente-six ans. Je les connais depuis tout ce temps et ce sont des femmes de Dieu, fidèles et précieuses.

Quand la Guerre des Six jours éclata en 1967, elles se trouvèrent confrontées à un danger exceptionnel. Leur domaine fut encerclé par l'armée jordanienne qui creusait des tranchées en vue de la bataille. Un de ces officiers les avertit : « Vous feriez mieux de fuir cette maison. La guerre va éclater sous peu, et il y aura beaucoup de bombardements. Vous vous retrouverez cernées. » Mais les deux sœurs présentèrent à Dieu leur situation, et le Seigneur leur répondit par les mêmes paroles qu'il avait adressées à Gédéon : « *N'ayez pas peur. Je serai avec vous* ». (NDLT : voir Juges 6 : 23 et suivants). Alors, sous la direction de l'Esprit, elles aménagèrent un stock – petit, mais proportionné – de nourriture et d'eau dans le sous-sol, où elles se réfugièrent pour traverser les hostilités. Durant des jours, l'armée israélienne déferla par la gauche, et les Jordaniens restèrent terrés du côté droit. Et soudain, les sœurs furent comme assiégées au centre d'une furieuse offensive, tandis que les balles et les obus volaient au-dessus d'elles avant d'atterrir tout autour. Elles se retranchèrent dans les soubassements, passant des heures en prière. À un moment, la maison elle-même fut bombardée. Un obus transperça le toit, entraînant l'effondrement des murs (le seul qui soit resté debout portait une plaque, avec un verset de l'Écriture promettant la protection de Dieu). Un autre tomba dans la maison, mais sans atteindre les caves. Enfin, un dernier roula sur des tapis empilés dans un coin, ne causant aucun dégât.

Ce qui m'a le plus touché, en écoutant le récit des sœurs, c'est que – tout au long de leur épreuve – la présence de Jésus était devenue évidente et chaleureuse pour elles. Son Esprit remplissait les lieux alors qu'elles se tenaient blotties dans la prière ; et bientôt toutes leurs craintes ont disparu. En fait, elles ont dit que c'était l'expérience la plus bénie de leur vie. Ces femmes avaient des provisions, de l'eau et un abri, et elles ont été protégées de leurs ennemis. Ni balle ni bombe ne les a blessées. Pourtant, même cette action miraculeuse dans ces circonstances extrêmes, pâlit à la lumière de la présence glorieuse du Christ lui-même. Les sœurs nous en ont rendu témoignage : « De toutes ces années passées en Israël, ces heures furent les plus précieuses que nous ayons jamais vécues, parce que Jésus s'est manifesté à nous si ouvertement, dans ce sous-sol ! Nous avons ressenti sa présence comme jamais auparavant. » Elles en sont arrivées à cette nécessité impérieuse et surnaturelle de sa présence dans leurs cœurs, le désirant de plus en plus. À présent, quand elles repensent à ces circonstances poignantes, elles ne s'attardent pas sur les dispositions matérielles de Dieu en leur faveur. Elles évoquent plutôt la révélation du Christ qu'elles ont reçue du ciel.

Je crois que, dans les prochains jours, nous allons voir des manifestations de la présence de Jésus comme aucune autre génération n'a eu le bonheur d'en contempler. L'apôtre Paul serait jaloux, s'il pouvait approcher ce dont nous allons être témoins.

Pourtant, ce dont l'Église du Christ a le plus grand besoin, aujourd'hui, c'est que des fidèles consacrés recherchent avec une faim insatiable la personne du Seigneur – dans leurs cœurs, leurs foyers, leurs Églises. Mais nous n'éprouverons ce désir ardent et profond dans les périodes difficiles que si nous le réclamons dès maintenant. Il doit venir à nous dans le « *lieu secret* » (notre chambre d'instances et de supplications) parce que, seul, l'Esprit de Dieu peut nous l'insuffler.

Disposez-vous d'un emplacement destiné à l'adoration ? Avez-vous un lieu de rendez-vous où goûter des instants d'intimité avec votre Seigneur ? Un endroit où vous tenir en tête-à-tête avec lui et crier : « Père, je veux tout autre chose qu'une transaction légale avec toi. Je TE veux dans ma vie ! » ?

Ne vous laissez pas glisser sur la pente du chemin conventionnel. Marchez dans les voies de l'amour. C'est ce que notre Seigneur attend de nous, dans la prochaine tourmente.

CHAPITRE NEUF

LES CONSÉQUENCES D'UN MANQUE DE CONFIANCE EN DIEU DANS LES TEMPS DIFFICILES

Quand l'auteur de l'épître aux Hébreux nous dit que « *le juste vivra par la foi* », il ne parle pas seulement de la foi qui mène au salut. Bien plus que cela, il écrit que la foi est cruciale dans notre existence quotidienne. Elle engage tout ce que nous sommes et tout ce que nous faisons. En résumé, les enfants de Dieu doivent vivre de la même manière les bons comme les mauvais moments, en remettant entièrement leur sort entre ses mains. Une chose dont nous pouvons être sûrs, c'est que Dieu a toujours gardé et protégé ceux qui lui font parfaitement confiance. Dans les temps troublés, nous allons avoir besoin d'une foi ferme et structurée, parce que nous ne pourrons pas plaire à Dieu si nous pensons et tentons d'agir par un autre moyen.

Paul exhortait ainsi Timothée : «...*en gardant la foi et une bonne conscience. Cette conscience, certains l'ont abandonnée, et ont ainsi fait naufrage en ce qui concerne la foi* » (1 Timothée 1 : 19). Il savait que si nous affrontons les problèmes de la vie sans la foi, nous finissons par patauger dans le désespoir. C'est pourquoi Jude écrit aux saints des derniers jours : « *Mais vous, bien-aimés, édifiez-vous vous-mêmes sur votre très sainte foi, priez par le Saint-Esprit* » (Jude 20). Autrement dit : « Vous aurez besoin d'une foi saine, quand la dernière heure sonnera. En conséquence, commencez à bâtir cette foi dès maintenant ! »

À l'heure actuelle sur terre, il n'est plus temps d'avoir une foi chancelante. Au contraire, c'est le moment de l'affermir et de conforter votre confiance dans le Seigneur par la prière fervente et l'étude de sa Parole. Sinon, les événements risquent fort de vous submerger totalement. Quand l'orage va faire rage et qu'un vent de panique cinglera tout autour de vous, vous serez tentés par la crainte, et vous pourriez finir par faire naufrage sur les brisants déchiquetés de l'amertume. Au même moment, au sein des nations économiquement diminuées, la foi de beaucoup de croyants sera sévèrement mise à l'épreuve.

Mais, que je sache, les temps difficiles ont seulement renforcé la foi de la plupart des chrétiens. Nos pères spirituels l'exerçaient, au milieu des calamités. David écrit : « *En toi se confiaient nos pères ; ils se confiaient, et tu les délivrais. Ils criaient à toi et ils échappaient ; ils se confiaient en toi, et ils n'étaient pas dans la honte* » (Psaume 22 : 5-6). Nos ancêtres n'étaient pas désorientés dans toutes les tornades qui se sont abattues sur eux. Ils savaient que Dieu agirait fidèlement en leur faveur. Une des formes de la confiance que David prisait chez eux était celle d'Abraham. Paul écrit à propos du « *père de la foi* » : « *Face à la promesse de Dieu, il ne douta point par incrédulité mais, fortifié par la foi, il donna gloire à Dieu, pleinement conscient de ceci : ce que Dieu a promis, il a aussi la puissance de l'accomplir* » (Romains 4 : 20-21). Paul nous présente Abraham comme l'exemple de celui qui fait entièrement confiance à Dieu, un homme convaincu que le Seigneur reste fidèle pour accomplir sa parole contre toute évidence et même contre les preuves apparentes du contraire. Nous voudrions tous posséder ce genre de foi – jamais faible ni vacillante, toujours foncièrement affirmée, victorieuse de chaque doute. Mais elle ne se gagne pas facilement. Sa force résulte de notre endurance, après que nous ayons essuyé test sur test, échec sur échec. Même

Abraham ne reçut son « nouveau nom » que lorsqu'il eût hérité d'une foi mature. Il resta « Abram » jusqu'au jour où il fut parfaitement démontré que sa foi était rigoureusement éprouvée et qu'elle s'avérait sûrement fondée.

Pierre nous encourage à subir les épreuves assignées à chaque croyant : « *afin que votre foi éprouvée – bien plus précieuse que l'or périssable, cependant éprouvé par le feu – se trouve être un sujet de louange, de gloire et d'honneur, lors de la révélation de Jésus-Christ* » (1 Pierre 1 : 7). L'apôtre ajoute que ceux qui seront épurés à la flamme de revers laborieux et affligeants, seront reconnus comme « *gardés en la puissance de Dieu, par la foi, pour le salut prêt à être révélé dans les derniers temps* » (1 Pierre 1 : 5).

Dans les derniers jours, Dieu va précisément révéler un corps semblable, un « reste » de serviteurs fidèles, dont la foi est absolument indéracinable. Et leur mode de vie par la foi, sans ombre de crainte même au cœur du péril, sera un témoignage pour le monde entier.

La foi appelle à s'abandonner aux promesses immuables de Dieu.

Abram était un homme bon et droit, qui entama son voyage de la foi avec une simple et confiante obéissance. Quand le Seigneur lui ordonna : « *Va-t-en de ton pays, de ta patrie et de la maison de ton père, vers le pays que je te montrerai* » (Genèse 12 : 1), Abram partit sans poser de questions. C'est toujours comme ça que la foi commence – par un appel à s'abandonner entièrement à la volonté et à la direction du Seigneur. Dieu dit seulement à Abram : « Va. Je te montrerai la voie. » Il ne lui précisa pas du tout où il l'emmènerait ; il n'indiqua pas le nom d'un pays ou d'une destination. Dieu ne fit pas non plus mention des difficultés terribles qu'il allait rencontrer le long de sa route. Il lui commanda simplement de quitter sa demeure confortable et de faire « le saut de la foi » dans les bras de son Père céleste. Dieu s'exprima ainsi, en substance : « Abram, tu entames aujourd'hui une nouvelle existence. Tu as connu la belle vie, jusqu'ici. Tu étais bien installé et à l'aise. Seulement, maintenant tu vas devoir faire face à des temps et à des problèmes déstabilisants. Tu n'as aucune raison de t'inquiéter parce que je te montrerai la direction, étape par étape. Mais attention ! Tu dois me faire entièrement confiance à chaque tournant de ce nouveau chemin qui s'ouvre à toi. »

Ce n'était pas rien pour Abram ! Cela représentait de lourdes responsabilités. Il avait une famille, des serviteurs et des servantes et un énorme troupeau de bétail. Et voilà qu'il était invité à mettre les clés sous la porte, pour se lancer dans l'inconnu. Ce n'était pas une mince affaire de s'engager les yeux fermés dans l'aventure de la foi sans avoir la moindre idée de l'endroit où il allait. Et pourtant, c'est ici l'appel spécifique qu'Abram reçut de Dieu.

Le Seigneur se lia à Abram par ce serment : « Je vais faire de toi le père d'une nouvelle race, totalement différente. Tu vas être à l'origine d'un peuple qui marchera comme tu marches – exclusivement par la foi. Cette grande nation sera issue de tes reins, et je te bénirai et je rendrai ton nom puissant. En fait, tu vas être une bénédiction pour toutes les nations ! » (voir Genèse 12 : 2). Quand Dieu promit à Abram que chaque famille de la terre serait bénie au travers de lui, il parlait de l'avènement du Christ. Abram allait être le précurseur d'une nouvelle espèce de croyants que Dieu désirait depuis le commencement de la création. C'est en appelant Abram à avancer par la foi que le Seigneur initiait cette race originale. Il s'agissait d'un peuple qui vivrait par la foi, comme Abram l'avait fait. Tous devraient trouver le salut par la foi, être réputés « justes » par la foi et surmonter chaque difficulté par la foi. L'accomplissement de la foi viendrait plus tard en Christ. Aujourd'hui, nous connaissons le devenir d'Abram. Et nous savons à quel point il allait avoir besoin de foi pour pouvoir considérer Dieu comme Celui de l'impossible. Il lui fallut impérativement s'appuyer sur le surnaturel pour croire qu'un vieil homme usé comme lui aurait un enfant avec son épouse âgée et stérile. Disons simplement qu'il dût *croire* pour qu'ait lieu cette conception miraculeuse : une impossibilité absolue, d'après les sciences humaines. Mais cela ne s'arrêtait pas là. Le moment viendrait où des foules – issues de sa semence – devraient croire que la mer allait s'ouvrir, pour permettre à une nation entière de la traverser à pied sec. Elles devraient croire que le pain des anges allait tomber du ciel pour nourrir le peuple de Dieu dans un désert brûlant et aride et l'eau jaillir d'un rocher pour l'abreuver.

Toutes ces choses étaient humainement impossibles. Pourtant, les enfants de Dieu devraient l'estimer capable d'y pourvoir, s'ils voulaient survivre. Et il appartenait à Abram d'être le père de cette croyante et confiante race.

Voilà qui démontre à quel point il devait avoir une foi forte pour lui-même. On peut se contenter de penser qu'Abram détenait cette sorte de foi – de décider que la foi est un cadeau, pour qui s'abandonne lui-même entre les mains de Dieu, pour qui entreprend tout bonnement ce genre de voyage dans l'inconnu. Mais il avait déjà soixante-quinze ans et son épouse, Sara (NDLT : « Saraï »), était dans sa soixantième année. Ils allaient devoir parcourir environ deux cents kilomètres dans le désert sous un soleil de plomb, par une chaleur étouffante, au risque de croiser des animaux sauvages et de ne trouver que de rares trous d'eau. On ne peut pas prétendre que la marche par la foi d'Abram était facile !

Aujourd'hui, dans notre naïveté, nous demandons innocemment : « Quel était le secret de la foi d'Abram ? Sur quelle doctrine théologique appuyait-il sa confiance en Dieu ? ». Nous débattons de sa foi, disséquons et analysons tous les passages de l'Écriture qui le concernent. Mais, si nous pouvions demander à Abram ce qu'est la foi, je crois qu'il nous répondrait : « La foi, c'est confier simplement et entièrement votre vie et votre avenir aux bons soins et à la direction de Dieu. Mon Seigneur m'a dit : "Va, Abram – Je te montrerai la voie" – alors, je me suis levé et je l'ai suivi. Rien de compliqué. J'ai simplement obéi à son appel, pour remettre complètement mon existence entre ses mains ». Vous et moi, nous avons reçu ce même appel de la foi. L'auteur de l'épître aux Hébreux cite des passages de l'Ancien Testament : « *Et mon juste vivra par la foi* » (Hébreux 10 : 38).

Et je crois que la réponse d'Abram à l'appel de Dieu explicite la définition de la foi dans l'Écriture : « *et il partit sans savoir où il allait* » (Hébreux 11 : 8).

Nous faisons face à des perturbations qui exigent que, comme Abram, nous nous jetions dans les bras fidèles de notre Seigneur et que nous lui fassions confiance, pour nous diriger aux jours de la débâcle. Avez-vous déjà fait le premier pas dans la foi, sans savoir ce qui vous attend ? Peu importe à quel point les choses paraissent incertaines ou les circonstances délicates. En fin de compte, quiconque veut suivre Jésus est un jour amené à s'investir : « Seigneur, je fais un pas dans ta direction ! Je renonce à mes idées toutes faites sur la manière de mener ma vie, d'obtenir des bénédictions, de diriger ma famille et de subvenir à mes besoins. Je remets tout cela entre tes mains et je fais confiance à tes directives. Tu détermineras chacune de mes étapes ! »

Qu'apporte la marche par la foi, cet abandon total à la volonté et à la direction de Dieu ?

Elle apporte davantage de problèmes, davantage de risques ! Qu'arrive-t-il quand vous vous engagez dans la même alliance qu'Abram ? Vous faites face aux épreuves les plus extrêmes que vous ayez jamais connues ! Quelle fut la conséquence de la décision d'Abram, quand il eut répondu à l'appel de Dieu ? Il fut confronté à une épouvantable disette. À son arrivée en Canaan, Dieu lui dit : « *C'est ici, Abram : voici le pays que je vais donner à ta famille. Tes fils en hériteront. Vas-y ! Parcours-le, d'un bout à l'autre. Toute la terre, sur laquelle tu marches, est à toi* ». Et Abram fit ainsi ; mais, ce qu'il voyait, c'était un paysage flétri et stérile. Les arbres séchaient sur pied. L'eau pour le bétail était rare. Il n'y avait pas de pâturages, rien pour les nourrir, lui et les siens. La Bible le constate : « *La famine s'appesantissait sur le pays* » (Genèse 12 : 10).

Abram conclut probablement : « Seigneur... je ne suis pas sûr de le vouloir ! » Je l'imagine, se confiant à Sara : « Je suppose que je me suis laissé guider par une voix étrangère. Il n'est pas possible que ce soit Dieu qui m'ait conduit. Il n'y a rien ici ! Pas de nourriture pour notre famille, ni même d'herbe pour le bétail. Comment se pourrait-il que ce lieu desséché, dépourvu du moindre intérêt, soit la récompense de mon obéissance ? Impossible que toutes mes prières au Seigneur, ma scrupuleuse recherche de sa face, ma soumission totale à sa volonté aboutissent à cette famine ! Où et quand ai-je perdu la voie de Dieu ? Comment ai-je pu m'égarer loin de lui ? »

L'Écriture nous dit qu'Abram construisit alors un autel où il invoqua Dieu. Si nous en jugeons par ses actions ultérieures, nous pouvons deviner comment il a prié : « Seigneur, je t'ai obéi ! J'ai fait confiance à tes directives, j'ai quitté ma demeure confortable par la foi et j'ai marché sans jamais savoir ce qui m'attendait. Et toi, tu as promis que tu récompenserais mon obéissance. Pourtant maintenant, après toutes mes peines à parvenir jusqu'ici, je ne trouve pas la moindre bénédiction sur cette terre. Ma marche avec toi n'est rien d'autre qu'une pénible épreuve ! »

Avez-vous déjà prié de cette façon ? Vous sentez votre cœur brûler d'amour pour le Seigneur. Vous faites alliance avec lui. Vous vous conformez entièrement à sa volonté et vous lui obéissez. Il vous a conduit (c'est très clair !) à ce point précis de votre évolution. Pourtant maintenant, après toute votre obéissance fidèle, votre vie dévouée de prière, votre désir constant de sainteté, il vous propulse en plein drame, ce qui n'a absolument aucun sens. Cela semble opposé à tout ce que vous connaissez du Seigneur et de sa Parole ! Peut-être avez-vous obtenu le travail, mieux rétribué, pour l'attribution duquel vous priiez. Et vous avez remercié le Seigneur d'avoir honoré votre foi. Mais peu après, ce poste que vous aviez tant convoité (et acquis !) est supprimé. Soudain, vous voilà tout à fait sans emploi, vous demandant même comment payer vos factures. Ou peut-être, qu'on vient juste de vous apprendre qu'un membre de votre famille est atteint d'un cancer inopérable. Vous pleurez : « Seigneur, j'ai marché loyalement devant toi pendant des années, faisant tout ce que tu me demandais. Est-ce la récompense de ma foi – que ma famille soit livrée à cette expérience accablante ? » Ou peut-être que vous connaissez une femme pieuse et dévouée qui, interminablement, a mis pleinement sa confiance dans le Seigneur pour qu'il lui présente lui-même un homme spirituel. Finalement, elle a bien rencontré cet homme ; du moins a-t-elle cru que Dieu le lui avait envoyé. Il semblait tellement fait pour elle ! Cependant, et après avoir fait longuement et consciencieusement sa cour, il s'est brutalement éloigné sans fournir aucune explication.

Peu importe qui vous êtes, ou jusqu'à quel point vous étiez consacrés. Il est possible que vous soyez de saints serviteurs et servantes du Seigneur, obéissants, intercesseurs, marchant dans la pleine mesure de la foi qui vous a été accordée. Et pourtant, Dieu peut vous imposer la plus douloureuse des épreuves.

C'est exactement ce qui est arrivé à Abram. Il était pur, consacré, amoureux de Dieu, docile. Pourtant, Dieu l'a plongé directement dans une expérience terrible – une famine redoutable ! Aux jours d'Abram, il n'y avait rien de pire. Les famines étaient pourvoyeuses d'angoisse, de destruction, de mort. Et il en va de même aujourd'hui.

Comme le reste du monde, les fidèles qui se confient en Dieu seront bientôt en vue d'une impasse différente, de type impécuniosité et souffrance. C'est tout notre *credo* qui va être éprouvé par le feu et nous serons sévèrement testés. Mais, ainsi passée au creuset, la foi de beaucoup deviendra de l'or pur.

Quelle qu'ait pu être la foi d'Abram jusque là, il lui manquait toujours une certaine dimension.

La pression de la famine exigeait d'Abram un saut dans la foi, plus considérable encore que celui nécessaire à son voyage. Comme Israël sur les rives de la Mer rouge, Abram se trouvait dans des circonstances humainement impraticables. Seul un miracle pouvait le sauver. Sa vie même était en jeu, ainsi que celle de son épouse, des enfants, de la famille élargie et des serviteurs. Il n'y avait tout simplement aucune issue.

Souvenons-nous ici de l'accusation concernant Job, que Satan porta devant Dieu : « *Peau pour peau ! Tout ce que possède un homme, il le donnera pour sa vie. Mais étends ta main, touche à ses os et à sa chair, et je suis sûr qu'il te maudira en face* » (Job 2 : 4-5).

Le diable prononce le même réquisitoire, contre tous les enfants de Dieu, aujourd'hui : « Bien sûr qu'ils te feront confiance, Dieu – jusqu'au moment où ils auront le ventre vide ! Rends-leur seulement la vie dure, puis évalue la foi qu'ils placent en toi. Envoie-leur une dépression. C'est quand ils ressentiront de la peine et que leur existence sera menacée qu'ils t'insulteront sans honte ! »

À cette époque-là, de deux choses l'une : soit Abram devait croire au Dieu de l'impossible afin d'entrer, en pleine quiétude, dans le royaume du miracle, soit il devait prendre tout seul l'affaire en mains. Alors, réussit-il ce test ? Non – il échoua lamentablement ! La Bible relate : « *…Abram descendit en Égypte pour y séjourner* » (Genèse 12 : 10).

Il ne resta pas dans la paix en attendant que le Seigneur manifeste sa délivrance. Il ne fit pas le saut dans la foi, indispensable pour croire au Dieu de l'impossible. Au lieu de cela, il établit ses propres plans de survie. Les Psaumes révèlent le cœur de Dieu, envers les siens, précisément à l'heure du péril : « *Voici que l'œil de l'Éternel est sur ceux qui le craignent, sur ceux qui s'attendent à sa bienveillance, afin d'arracher leur âme à la mort et de les faire vivre pendant la famine* » (Psaume 33 : 18-19) « *…et aux jours de la famine, ils sont rassasiés* » (Psaume 37 : 19).

Dieu voulait rassasier Abram et sa famille, au temps de la famine. Ils ne couraient aucun risque. Dieu projetait de les sauver au moyen d'incommensurables miracles.

La foi commence par un abandon total en Dieu, mais elle doit être active et non passive.

Nous devons avoir une pleine confiance : Dieu peut et veut faire ce qui nous semble irréalisable. Jésus dit : « *…à Dieu, tout est possible* »

(Matthieu 19 : 26). « *Rien n'est impossible à Dieu* » (Luc 1 : 37). La foi se résume par : « Dieu me suffit! »

Le Seigneur a fait d'Abram un homme de foi, en le plaçant devant un problème insoluble. Il voulait entendre son serviteur dire : « Père, si tu m'as conduit jusqu'ici, c'est parce que tu sais que c'est le meilleur pour moi. Aussi vais-je garder mon calme et te regarder accomplir l'incroyable. Je remets ma vie entre tes mains, pleinement confiant de ce que tu ne permettras pas que ni moi ni ma famille nous mourrions de faim. Je sais que nous serons préservés, puisque tu as promis que j'aurai une descendance! » Mais la crainte et le doute accablèrent Abram. Et le cri qu'il éleva était : « Seigneur, je veux partir d'ici! »

Notre foi n'est pas faite pour éloigner de nous les situations inextricables, ni pour nous épargner de pénibles conditions. Elle est plutôt censée manifester la fidélité de Dieu envers nous, au milieu de dures mais grandes occasions. Il arrive, de temps en temps, que Dieu change les variables mathématiques de la question. Mais, le plus souvent, il ne le fait pas – parce que c'est nous qu'il veut changer! En effet, nous ne pouvons pas faire entièrement confiance aux dispositions de Dieu tant que nous ne les avons pas constatées en pleine crise. Ce fut le cas pour trois enfants des Hébreux : ils ont vu le Christ seulement quand on les a précipités dans la fournaise ardente. Et Daniel a expérimenté le pouvoir et la grâce de Dieu après qu'on l'ait jeté dans la fosse aux lions. S'ils avaient été providentiellement soustraits à la terrible conjoncture, ils n'auraient jamais vu à l'œuvre la puissance miraculeuse de Dieu. Et le Seigneur n'aurait pas été glorifié devant les incroyants. Nous avons de semblables exemples aussi dans le Nouveau Testament. Alors qu'une tempête ballottait sa barque, Jésus est resté assoupi. Bientôt, le bateau a commencé à balloter et il semblait qu'il allait couler. C'est alors que les disciples du Christ, pris de panique, ont réveillé leur maître. Jésus s'est levé et n'a prononcé qu'un seul mot : « Paix! » – et la tourmente a aussitôt pris fin. Tous étaient dans la stupéfaction, devant cette preuve patente du pouvoir surnaturel de Dieu. Mais ils n'ont pas suffisamment appréciée manifestation (encore plus grande !) de la puissance de Dieu : le miracle, c'est que cet homme affichait une paix parfaite, qu'il était capable dormir, alors que se posait la question de vie ou de mort – parce qu'il s'abandonnait totalement, s'en remettant aux bons soins de son Père, qui lui avait promis qu'il serait le Rédempteur, et il savait que Dieu tiendrait sa promesse.

Nous pensons que nous sommes témoins de prodiges chaque fois que Dieu met fin aux débordements et aux alarmes. Mais, dans ces cas-là, nous pouvons aisément laisser la leçon de la foi nous échapper – la leçon qui témoigne de que Dieu nous restera fidèle, dans les temps difficiles. Il veut nous élever au-dessus de nos épreuves, par la foi, afin que nous puissions attester : « Mon Dieu est capable d'accomplir l'inconcevable. C'est le libérateur et il va me garder. Je peux dormir, même quand un ouragan se déchaîne ! »

Quand Abram descendit en Égypte, il informait Dieu, en substance : « Ok, j'ai compris, Seigneur : je m'en vais ! » Il présumait que sa nature charnelle l'avait induit en erreur, qu'il avait reçu de fausses indications et que maintenant, il devait se charger de rétablir l'ordre des choses. Mais, paradoxalement, c'est là qu'Abram quitta le chemin de la foi. Il rassembla sa couvée et il annonça : « Nous partons. Je ne sais ni ou ni quand j'ai "manqué un épisode", mais je sais que nous n'avons rien à faire ici. Allons en Égypte ! ».

La bonne nouvelle, c'est que nos échecs nous conduisent souvent à développer une foi aguerrie. Néanmoins, lorsque nous abandonnons la route de la foi et que nous agissons de manière charnelle, nous devons en porter les conséquences. Et en voici quelques-unes :

1. Quand nous opérons par la chair, en procédant à notre façon, nous en arrivons à comploter et manœuvrer.

Si nous nous rabattons sur notre nature humaine, nous nous surprenons bientôt nous-mêmes à tenter de manipuler aussi bien les gens que les circonstances pour subsister. Abram agit ainsi, lorsqu'il conçut un petit arrangement, pour échapper aux Égyptiens hostiles. Il savait que les hommes de ce pays avaient une prédilection pour les femmes au teint clair. Quand, avec son entourage, il fut parvenu à la frontière égyptienne, il adressa ce discours à Sara : « Tu es une belle femme, et les Égyptiens vont éprouver du désir pour toi. Ils essayeront de me tuer, afin de te prendre et de te garder. Mais tu me sauveras la vie, si tu dis juste un tout petit et pieux mensonge. Si tu fais semblant d'être ma sœur, nous serons tous en sécurité » (en fait, Sara était la demi-sœur d'Abram).

Ceux qui marchent par la chair sont assez égocentriques, ils cherchent toujours à passer en premier. Mais ceux qui font entièrement confiance à Dieu, qui croient en lui pour l'impossible, reconnaissent que les subtilités humaines sont inutiles. Ils n'ont pas besoin d'être des manipulateurs, de chercher des excuses ou des échappatoires pour promouvoir leur ordre du jour personnel. Ils s'en remettent plutôt à la volonté de Dieu en lui en attribuant toutes les prérogatives. Abram n'en était pas encore à ce stade. Il y arriverait par la suite et deviendrait le père de la foi, exactement comme Dieu le désirait. Mais la foi d'Abram devait se développer par le biais de son échec. Le Seigneur édifiait quelque chose de grand dans son serviteur au travers de cette expérience.

2. En ne faisant pas entièrement confiance à Dieu, nous mettons littéralement la vie des autres en danger.

Avec ce « pieux mensonge », Abram mit la vie de son épouse en danger. Dès qu'il eut raconté aux Égyptiens que Sara était sa sœur, ils l'ajoutèrent au harem du Pharaon. C'est seulement grâce à la protection surnaturelle de Dieu que Sara ne fut pas sexuellement souillée par ce souverain païen. Car il y avait pis encore : si Sara s'était trouvée enceinte du Pharaon, elle aurait donné naissance à une semence païenne – pas du tout celle de la promesse, par laquelle le monde entier devait être béni! Dieu harcela les hôtes du palais, jusqu'à ce que le roi réalise que quelque chose ne tournait pas rond. Il parvint très vite à cette conclusion : « Tous nos ennuis proviennent

de cette femme hébreue. C'est une servante du Dieu Jéhovah! »
Aussi le Pharaon convoqua-t-il Abram à la Cour, pour l'interroger :
« Pourquoi ne nous as-tu pas dit qu'elle était ton épouse ? » Aussitôt
et sans plus de cérémonie, il expulsa Abram et Sara du territoire,
comme on le ferait d'un vulgaire imposteur. Abram avait porté
atteinte à l'honneur de Dieu. Et maintenant, son propre témoignage
était ruiné. Son attitude hypocrite avait détourné les Égyptiens de
tout ce dont il pouvait témoigner au sujet du Seigneur.

La même chose se produit aujourd'hui chaque fois qu'un homme
ou une femme de Dieu essaye d'établir ses propres règles du jeu ou
de se faire justice.

Devenez-vous des manipulateurs pour obtenir ce que vous voulez
dans votre vie? Ou peut-être pensez-vous avoir faussement interprété
la Parole de Dieu, lorsque les choses ne se présentent pas comme il
l'a promis? Non! Vous n'avez pas mal compris. Vous vous tenez
juste au milieu de l'épreuve à laquelle Dieu veut vous soumettre. Et
il vous exhorte à vous tourner vers lui, dans la foi, dès maintenant.

Tandis que les nuages s'amassent sur l'Amérique et les nations, et
que tout futur semble incertain, la voix de l'Esprit de Dieu s'élève pour
enseigner à chacun de ses enfants : *« Le juste vivra par la foi! »*

CHAPITRE DIX

LE SECRET DE LA FORCE AU COURS DES PÉRIODES CRITIQUES

Dans le livre du Lévitique, Moïse décrit la pusillanimité d'Israël, quand les jugements de Dieu commencèrent à tomber sur la Terre.

Aux termes de Lévitique 26 : 36-37, trois événements devaient se produire :

1. Le Seigneur devait frapper le peuple de faiblesse de cœur.

2. Les gens ainsi paniqués s'enfuiraient au bruit d'une feuille qui tombe.

3. Tous manqueraient de force pour résister à leurs ennemis.

Tout cela même a lieu en Amérique actuellement. Voyez ce qui arrive à Wall Street et dans nos institutions financières, dès que la moindre rumeur se fait jour : c'est suffisant pour mettre le marché des actions en vrille! Il se replie et flotte, de manière extravagante, chaque fois qu'un spécialiste économique du gouvernement publie un communiqué d'apparence négative. Négociants et agents de change sont suspendus aux lèvres de ces experts dans l'espoir d'une quelconque solution qui sauverait le marché d'un inévitable désastre.

Je crois que la prophétie de Moïse ne concernait pas seulement l'Israël antique, mais aussi le peuple de Dieu à travers l'Histoire. Et à présent, nous voyons que ses paroles gagnent implacablement du terrain.

Des semaines durant à l'automne 1998, le *New York Times* a étalé des photos de courtiers en Bourse et de brasseurs d'affaires autour du globe – en Indonésie, en Corée, au Japon, en Russie – le dos rond, dans leur désespoir, devant le tableau d'affichage des cotations. Elles nous les produisaient, la tête entre les mains, les yeux creux et cernés dans un visage raviné par la crainte. On lisait l'incompréhension et l'angoisse sur leurs traits, alors qu'ils faisaient face à l'inéluctable.

Tous les ravages, sur la planète en ce moment, sont résumés dans l'avertissement que Jésus a donné : « *Il y aura des signes dans le soleil, dans la lune et dans les étoiles ; et sur la terre, une angoisse des nations qui ne sauront que faire au bruit de la mer et des flots ; les hommes rendront l'âme de terreur dans l'attente de ce qui surviendra pour la terre, car les puissances des cieux seront ébranlées* » (Luc 21 : 25-26).

Méditez ces descriptions de Jésus. Puis réfléchissez aux rapports récents, surgis de toutes parts : plus d'un tiers des pays ont été dévastés par une dépression. Et l'Amérique a subi certains des pires ouragans de son histoire.

Maintenant, nous allons voir de nos yeux des gens, affolés et tremblants, s'évanouir et même mourir d'un arrêt cardiaque au bruit d'informations ni plus ni moins sinistres.

De nos jours, il est encore possible de saisir des propos pondérés ou sereins, de la part d'agents et de placiers de Wall Street. Quelques observateurs clament toujours : « Nous nous en remettrons ! Nous avons bien survécu à tous les autres krachs. Nous triompherons aussi de celui-ci ».

Mais Moïse, déjà, se montrait ferme concernant tous ces maîtres de l'économie qui sont de beaux parleurs, quand il prédisait qu'ils se noieraient dans des flaques d'eau, lorsque l'orage s'abattrait !

Quelles prophéties de la Parole de Dieu concernent l'heure de ses jugements sur la terre ?

David prophétise sans conteste : « *Le juste, obéissant et fidèle ne craint pas de mauvaise nouvelle. Son cœur est ferme, confiant en l'Éternel. Son cœur est inébranlable ; il n'a pas de crainte* » (Psaume 112 : 7-8).

Je vais paraphraser pour les chrétiens vivant dans ces périodes troublées : « Quiconque fait confiance au Seigneur de tout son être ne sera jamais perturbé, que ce soit par tout ou partie des mauvaises nouvelles ! ».

Ésaïe 34 nous offre une effarante image de l'épée de Dieu, frappant la terre, dans sa colère. Le prophète s'emporte : « *Car l'indignation de l'Éternel va fondre sur toutes les nations… car c'est un jour de vengeance pour l'Éternel* » (Ésaïe 34 : 2, 8). Puis, au chapitre suivant, Ésaïe interrompt brusquement ses menaces. Soudain, au milieu de ces insoutenables descriptions, il exprime du réconfort aux enfants de Dieu vacillants : « *Fortifiez les mains languissantes et affermissez les genoux qui chancellent ; dites à ceux dont le cœur palpite : "Fortifiez-vous, soyez sans crainte ; voici votre Dieu, la vengeance viendra, la rétribution de Dieu ; il viendra lui-même et vous sauvera"* » (Ésaïe 35 : 3-4).

Quelles paroles apaisantes, et comme elles nous élèvent, spirituellement ! Dieu rassure les siens : « Oui, l'épée de ma vengeance va mener les méchants à leur ruine. Mais ce n'est pas dans le but de vous détruire. Dans les prochains jours, vous me verrez les frapper et traiter durement le péché. Mais vous ne devez pas être effrayés. Bien que mes jugements humilient votre pays, ils contribueront à votre salut. Alors que l'impie sera de plus en plus révulsé de frayeur, vous renforcerez de plus en plus votre communion avec moi. Votre confiance en moi se développera continuellement. Redressez vos têtes : vous ses élus n'avez aucune raison d'avoir peur ! »

C'est l'espoir et le désir de Dieu, pour tous ses enfants, dans les temps difficiles. Et nous le percevons dans l'encouragement de Paul : « *Veillez, demeurez fermes dans la foi, soyez des hommes, fortifiez-vous* »

(1 Corinthiens 16 : 13). Nous l'avons également lu dans sa lettre aux Éphésiens : « *Au reste, fortifiez-vous dans le Seigneur et par sa force souveraine* » (Éphésiens 6 : 10).

Dieu veut que nous affrontions les jours ténébreux avec une force spirituelle qui résiste, pour le moins, aux éditoriaux inquiétants ! Soyez certains que le Seigneur disposera d'un corps de croyants de ce genre : fort et confiant, pour le glorifier dans ces périodes sombres. Déjà, nous sommes témoins de la foi immuable des fidèles qui doivent endurer des épreuves et des tribulations, dans les pays touchés par la crise. Leur foi vibrante brille dans l'obscurité, comme des balises de la lumière sainte. Mais quelle sera notre réaction, quand la dépression frappera notre nation ? Les signes en sont imminents.

Selon le *New York Times,* Long-Term Capital, une association de fonds de garantie géante, a nécessité une opération de sauvetage (NDLT : référence à l'une des principales sociétés internationales à but non lucratif – qui sont composées de leurs directeurs, de prestataires de services et d'investisseurs.) Les multimillionnaires, qui pensaient avoir amassé des fortunes assez imposantes pour surmonter n'importe quel marasme, ont été subitement réduits à la banqueroute. Leurs possessions se sont évanouies comme une vapeur durant la nuit. Certains se déclarent en faillite. Le Président de la Réserve Fédérale des États-Unis affirme qu'à défaut de cette intervention, c'était le système financier national tout entier qui aurait bien pu s'écrouler.

Plusieurs des banquiers impliqués dans l'association Long-Term Capital se sont rassemblés à *Wall Street* dans l'urgence : « Qu'est-il arrivé ? Comment une chose pareille a-t-elle bien pu se produire ? » Ces brillants cerveaux de la finance ont perdu la quasi-totalité du marché des obligations. Quand des nouvelles de cet ordre commenceront à se propager sur une plus grande échelle, toute l'Amérique tremblera. Les gens y verront les préliminaires d'un désastre financier. Mais c'est précisément en de telles circonstances, que le témoignage de notre Seigneur se répandra. Tandis que la plupart des Américains s'affoleront et sombreront dans la tourmente économique, le saint « résidu de Dieu » se détachera comme un phare, révélant la sécurité dans les ténèbres. Leur paix sera leur témoignage. Ils n'auront pas à distribuer de tracts, brandir leurs Bibles, ni même témoigner pour prouver qu'ils sont chrétiens. Leurs visages exprimeront si bien le repos surnaturel de Dieu que tout le monde comprendra qu'ils possèdent quelque chose de différent. Les gens leur demanderont : « Comment pouvez-vous garder le sourire, dans une situation pareille ? Quel genre d'investissement avez-vous fait, qui vous permette d'être si heureux ? » Les serviteurs de Dieu répondront : « Je dispose d'une banque que vous ne connaissez pas ! » Quelle est cette banque ? C'est la promesse de Dieu à tous ses enfants : « Même au temps de ma vengeance tourbillonnante, je vous sauverai et je vous garderai de tout mal ! »

Malheureusement, pourtant, beaucoup de chrétiens tièdes se montreront défaillants, tourmentés voire désespérés, lorsqu'ils entendront les mauvaises nouvelles allant toujours s'aggravant. Les actualités seront tellement sinistres et épouvantables que ces croyants réagiront comme des athées. Ils grelotteront *« au bruit d'une feuille qui tombe »*. Leur foi chancellera et ils seront emportés par l'esprit de crainte qui s'emparera de la planète. En fait, certains figureront au grand nombre des personnes qui mourront littéralement de peur.

Nous verrons tout autant frissonner la multitude des ministres de l'Évangile qui ont dérivé loin de Jésus dans leur marche quotidienne. Le péché et leurs compromis les ont dépouillés de toute puissance et de toute autorité spirituelles. Ils ne seront pas préparés à dispenser de fermes paroles aux agneaux de leurs troupeaux quand ils en auront le plus besoin. Au contraire, leurs congrégations – assises dans un silence de mort – observeront leurs pasteurs bouleversés chercher à tâtons à enfiler des mots du haut de leurs chaires comme des aveugles. Les échos de la chute de notre nation seront si incroyables, si effrayants, que ces bergers qui ont transigé avec leur conscience ne sauront pas quoi dire. Tous les membres de leurs communautés se regarderont les uns les autres avec des yeux agrandis par la crainte, souhaitant que ce ne soit là qu'un mauvais rêve. Franchement, autant reposer dans l'antichambre des pompes funèbres que dans une semblable église !

Un « reste fidèle » de croyants détient le secret de la force dans ces périodes troublées.

Quand ce jour terrible arrivera, les justes de Dieu qui composent « le reste fidèle » sauront comment maintenir leur force. Ce sera sans importance pour eux, si la lune et les étoiles tombent du ciel ou si les montagnes se fissurent et s'abîment dans la mer.

Ils auront toujours confiance en Christ pour les délivrer – et leur foi ne sera pas ébranlée !

Dans le Psaume 31, David nous introduit dans une autre dimension : « La cachette de la face de Dieu » (NDLT : le mot « cachette » apparaît en annotation de la traduction dite « à la Colombe » qui précise : *« Traduction littérale »*).

Il écrit : *« Oh ! Combien est grande ta bonté, que tu tiens en réserve pour ceux qui te craignent, que tu exerces envers ceux qui se réfugient en toi, en face des humains ! Tu les caches sous l'abri de ta face loin des intrigues des hommes, dans un refuge tu les préserves des langues qui les attaquent »* (Psaume 31 : 20-21).

David définit, ici, quelque chose de très profond : « Toute force authentique est liée à notre proximité du Seigneur. La mesure de notre force est proportionnée à notre intimité avec lui ! » Autrement dit : « Plus nous serons près de Jésus, plus nous serons forts ! » Et cette puissance, dont nous allons avoir besoin comme jamais, découlera exclusivement de notre vie secrète de prière. Si nous approchons tout près du Christ, il s'approchera de nous, nous approvisionnant en forces quotidiennes fraîches. C'est le secret de la présence du Seigneur ! Dans l'Ancien Testament, elle était associée à l'Arche de l'alliance. Israël croyait que là où se tenait l'arche, la présence de Dieu était aussi. En conséquence, où qu'il aille, le peuple emportait l'Arche avec lui. Nous en avons un exemple en 1 Samuel 4.

Ce jour-là, Israël perdait une bataille contre les Philistins. Le peuple de Dieu déplorait déjà environ 4 000 morts. Et les chefs s'interrogeaient : « Pourquoi sommes-nous défaits, dans ce combat ? Mis en déroute devant l'ennemi ? » Finalement, quelqu'un s'en avisa : « La présence du Seigneur n'est pas avec nous. Vite, allez chercher l'Arche ! Nous avons besoin de Dieu, personnifié, dans ce conflit ! » – « *Allons prendre à Silo l'arche de l'alliance de l'Éternel, qu'elle vienne au milieu de nous et qu'elle nous sauve de la main de nos ennemis* » (1 Samuel 4 : 3).

Quand l'Arche arriva en vue du camp des Israélites, le peuple « *lança une grande clameur, et la terre en fut ébranlée* » (1 Samuel 4 : 5). Et, quand les Philistins entendirent ce tumulte, ils se demandèrent : « Que se passe-t-il ? » Soudain, la peur s'empara d'eux. « *Ils se rendirent compte que l'Arche de l'Éternel était arrivée au camp. Malheur à nous ! dirent-ils, car il n'en a pas été ainsi jusqu'à présent* » (1 Samuel 4 : 6-7).

Ce texte est l'illustration vivante de la guerre dirigée contre l'Église de Dieu aujourd'hui. Et elle nous apprend beaucoup au sujet de la stratégie de notre ennemi, Satan. Le diable redoute considérablement la présence du Seigneur dans nos existences. Il tremble à la seule pensée qu'un croyant puisse être proche du Christ. Aussi, quand ses hordes démoniaques vous voient à genoux chaque jour en présence de votre Père céleste, tout l'enfer s'écrie : « Malheur à nous ! Dieu est avec ce croyant. Il a, de son côté, la présence divine. Que pouvons-nous contre lui, maintenant ? »

C'est pourquoi Satan fera tout ce qui est en son pouvoir pour extirper la présence du Seigneur de votre vie. C'est pourquoi il veut embourber votre âme dans la rébellion et le péché. Il veut vous dépouiller de toute force ! Il essayera de vous endormir, dans le giron d'une quelconque Dalila pour trancher les racines de votre pouvoir. (NDLT : Juges 16 : 4-21).

Il peut tenter de vous détourner de votre but, par une activité extrêmement contraignante, voire un ministère qui exige beaucoup de vous. Il utilisera n'importe quoi, même de « bonnes choses », pour vous empêcher de passer du temps en tête-à-tête avec Jésus. Il sait que votre intimité avec le Christ vous rend inaccessible aux craintes et aux soucis de cette génération !

Lorsque l'Arche fut introduite dans leur camp, les soldats israélites crièrent à pleins poumons : « Le Seigneur est avec nous ! La victoire est à nous, maintenant. L'ennemi est battu ! » Mais hélas, comme nous le savons, ils furent conduits à l'abattoir, tous, obligés de s'enfuir pour sauver leurs vies. Pire que tout, l'Arche fut capturée par les Philistins.

Alors, pourquoi est-ce arrivé ? Comment la promesse de la présence divine a-t-elle pu se transformer en une si épouvantable défaite ? C'est parce que Dieu s'était déjà retiré lui-même de sa maison à Silo. Et simultanément, son Esprit avait quitté l'Arche. Désormais, ni l'un ni l'autre ne le représentait parmi son peuple.

À cette époque, il ne restait plus rien de sa gloire en Israël, sinon un temple abandonné et une relique vide, puisque la présence de Dieu s'en était allée. Il est triste de constater que la doctrine de la présence de Dieu parmi les siens n'était plus une réalité vivante en Israël. C'était devenu une théologie sèche et morte parce que les cœurs s'étaient éloignés de lui. Éli, le grand prêtre d'alors, était un berger d'Israël trop complaisant qui « composait » et acceptait des compromissions. Et ses fils se comportaient en adultères ; sous prétexte d'exercer leur ministère, ils ne cherchaient que leur propre plaisir. L'effet cumulé fut dévastateur !

Nul ne s'inquiétait sincèrement de la personne du Seigneur. Ils ne voulaient que sa puissance. Ils pouvaient encore s'imaginer que la présence de Dieu était au milieu d'eux, mais c'était seulement une illusion : leurs péchés les en avaient privés !

Que tous ceux qui lisent ce livre soient convaincus que nous affrontons des périodes très difficiles !

Il faudrait être totalement aveugle pour ne pas voir le châtiment qui fond sur l'Amérique et sur la Terre entière. Alors que j'écris ce chapitre, les chaînes d'actualité nationales emploient pour la première fois l'expression : « dépression globale ». Le monde doit enfin admettre que nous nous dirigeons vers un désastre économique général. Et maintenant, en tant que croyants, vous êtes confrontés à une question importante : jusqu'à quel point êtes-vous proches de Jésus ?

Je crois que, lorsque tout se désagrège, le témoignage le plus puissant en faveur du Christ reste un disciple dont le cœur connaît une parfaite paix. Tandis que le reste de la société palpite, qu'elle flanche et meurt de peur, le chrétien vainqueur se redresse, parce qu'il reçoit un encouragement constant de l'Esprit Saint. Si vous souhaitez afficher cette attitude au cours de la crise, il vous faut d'ores et déjà la présence du Seigneur dans votre vie.

Donc, jusqu'à quel point le Seigneur est-il proche de vous ? Vous rapprochez-vous de lui chaque jour qui passe ? Combien de temps, de qualité, passez-vous en tête-à-tête avec lui ? Et, quand vous êtes avec lui, êtes-vous capables de dire : « Maître, je ne suis pas pressé(e). C'est mon rendez-vous avec toi et rien d'autre ne prendra ta place, en cet instant ! » ? Si vous répondez : « Je me crois apte à surmonter la tempête. Après tout, je suis un fidèle témoin du Seigneur. Je n'ai pas honte de l'Évangile. Et je mène une existence saine et droite. Je donne la dîme, je lis ma Bible et je vais à l'Église régulièrement »… voilà qui est parfait ! Et pourtant, il est possible d'accomplir toutes ces choses et de rester loin du Seigneur.

Si vous ne disposez pas du temps indispensable à l'intimité avec lui, peu importe à combien de personnes vous rendez témoignage. Vos paroles n'auront pas de puissance, pas le moindre résultat. Votre témoignage sera mort parce que vous vous serez écartés de la source vive ! Ne commettez pas l'erreur de mesurer votre marche avec Jésus à vos œuvres plutôt qu'à sa présence dans votre vie. Vous ne pouvez pas plaire davantage au Seigneur, ni mieux accomplir sa volonté, qu'en vous enfermant, seul(e) avec lui, dans la prière.

Paul a dû faire face à de nombreux épisodes aussi périlleux que complexes. Il savait ce que « tout perdre » signifie : il connut la faim et la soif, il souffrit de privations, il fut délaissé, enchaîné dans une cellule de prison sombre et humide, isolé, séparé de ses proches amis.

Malgré tout, il ne faiblit jamais. En fait, chaque épreuve l'affermissait. Comment ? Il détenait le secret de la force authentique, il savait comment l'acquérir et l'entretenir ! Paul vivait tout près de Jésus. Il pouvait dire : « Le Christ m'a saisi, il s'est chargé de moi. Maintenant, il vit réellement en moi ! »

Il attestait : « *Dans ma première défense, personne ne m'a assisté, mais tous m'ont abandonné. Qu'il ne leur en soit pas tenu compte ! C'est le Seigneur qui m'a fortifié, afin que la prédication soit portée par moi à sa plénitude et entendue de tous les païens. Et j'ai été délivré de la gueule du lion. Le Seigneur me délivrera de toute œuvre mauvaise et me sauvera (pour me faire entrer) dans son royaume céleste. À lui la gloire aux siècles des siècles ! Amen !* » (2 Timothée 4 : 16-18).

L'apôtre savait que, s'il restait près du Seigneur, le Christ l'honorerait en restant avec lui. Il confessait : « Où que j'aille, il y avait trouble et détresse. Mais, quand tout le monde m'a laissé tomber, quand j'étais seul et que je me heurtais à la dureté des temps, le Seigneur est venu à moi, et il a déversé sa force en moi. Il m'a affranchi des pièges du diable. Il m'a donné l'assurance qu'il me garderait de toute action démoniaque. Et il continuera à me protéger, jusqu'à ce que j'atteigne le ciel ! »

Vous ne pouvez trouver cette sorte d'assurance et de force nulle part ailleurs qu'en présence du Seigneur lui-même. Paul comptait sur le Seigneur continuellement. Il était en communion permanente avec lui. Et c'est pourquoi aucune mauvaise nouvelle ni aucune épreuve douloureuse ne pouvaient l'ébranler. Dès qu'il affrontait une autre et redoutable expérience, il s'échappait dans et par la prière, courant à Jésus pour épancher son cœur dans son sein.

Certaines traductions bibliques mettent l'emphase sur 2 Timothée 4 : 17 (cité ci-dessus). Si bien que, lorsque Paul écrit « *Mais c'est le Seigneur (et lui seul) qui s'est tenu près de moi et qui m'a fortifié* » il veut en réalité souligner : « malgré tout, en dépit de tout, le Seigneur est resté avec moi et m'a soutenu, nonobstant les circonstances tragiques… » L'apôtre tressaillait de joie, parce que ses enfants spirituels s'appropriaient cette idée du « malgré tout » dans leurs vies. Il a vu le Seigneur les épauler afin qu'ils se tiennent debout, même au cours d'épisodes dramatiques.

Paul a loué ces croyants : «...*vous avez soutenu un grand et douloureux combat : d'une part exposés en spectacle, par les opprobres et les tribulations, d'autre part vous rendant solidaires de ceux qui subissaient ce traitement. En effet, vous avez eu de la compassion pour les prisonniers, et vous avez accepté avec joie qu'on vous arrache vos biens* » (Hébreux 10 : 32-34). Il rappelait : « Quand bien même vous voyiez avec peine quelqu'un d'autre crier à Dieu ou serrer les dents, vous vous fortifiiez encore ! L'Esprit Saint vous encourageait par tous les moyens ! »

Ces gens perdaient leurs maisons, leur mode de vie, tout ce qui faisait leur existence. Mais ils pouvaient témoigner, avec leur pasteur : « En dépit des temps difficiles – malgré tout – le Seigneur s'est tenu auprès de nous. Il est venu, jour après jour, nous apporter la force de surmonter toute tentation ».

Vous appuyez-vous sur les mots : « en dépit de tout », dans votre vie? Êtes-vous parvenus à ce point où vous pouvez affirmer : « Malgré tout, je sais que si je reste près de Jésus, dans ces périodes si pénibles, il m'accordera le nécessaire. Il est la source de toute la puissance ».

Paul apprit le secret de la force au moment de sa conversion. Après avoir été aveugle, sur le chemin de Damas, il passa trois jours dans le jeûne et la prière. Il était si déterminé à connaître ce Seigneur qui s'était révélé à lui qu'il refusait tout confort matériel et tout bien-être physique. C'est alors que Dieu ordonna, à un croyant appelé Ananias : « *Lève-toi... et cherche, dans la maison de Judas, un nommé Saul de Tarse... Car il prie...* » (Actes 9 : 11-12). Plus loin, l'Écriture rapporte, à propos de Paul : « *Saul se fortifiait intérieurement de plus en plus...* » (Actes 9 : 22). Il s'était engagé dans la prière à plein temps : aussi, Dieu vint-il incessamment à sa rencontre, lui dispensant force sur force.

Cette vérité s'illustre également dans la parabole de l'homme qui réclame du pain, à minuit, pour un visiteur survenu à l'improviste. (NDLT : voir Luc 11 : 5-13). Lui-même ne disposait pas de provisions, mais il savait qu'un autre ami en avait autant qu'il lui en fallait. Aussi a-t-il continué à frapper, à marteler sa porte, jusqu'à ce qu'il lui en ait enfin donné. Bien-aimés, « l'ami qui a du pain », c'est Jésus. Il nous est plus proche qu'un frère, et il nous procurera tout ce dont nous avons besoin. Ce qui inclut non seulement la nourriture, le vêtement et le logement (voir Matthieu 6), mais aussi l'encouragement, la puissance et l'onction.

Seulement, faites attention! Dieu n'accordera aucune de ces choses à ceux qui se tiennent en sa présence « juste comme ça, de temps en temps ». Si vous rentrez du travail pour vous affaler sur le canapé, zapper sur les chaînes de télé et perdre ainsi des heures à vous laisser aller, n'espérez rien recevoir de lui. Si vous passez plus de temps sur un parcours de golf que sur vos genoux, vous n'acquerrez jamais la force authentique. Il n'y a aucune source d'énergie en dehors de la présence du Seigneur!

Comment se préparer aux rumeurs inquiétantes, au bombardement de mauvaises nouvelles?

Que faites-vous pour vous préparer à l'heure de l'affliction et à la détérioration possible de vos marchandises terrestres?

Au cours d'une conversation, un ami cultivateur – qui élève du bétail dans l'est du Texas – m'a décrit les désastreux effets de la longue sécheresse de 1998. Puis il m'a raconté que, vers la fin de l'été, il était tombé plus de vingt centimètres de pluie, ce qui avait entraîné des inondations dans la région. Et, maintenant, une autre période de sécheresse s'annonçait. Pour aggraver encore la situation, le sol était infesté par des colonies de vers : un jour – disait-il – en regardant par la fenêtre, il vit que ses champs verdoyants avaient viré au jaune; quand il sortit inspecter les récoltes, il constata que les plants avaient été rongés jusqu'aux tiges. Il disait : « Il est question de plaies et de peste. Nous avons subi la sécheresse, puis des inondations, puis davantage encore de sécheresse. Et voilà que tout est dévoré par des insectes! ». Bientôt, notre conversation s'est orientée vers les milliardaires en dollars capables de renflouer Long-Term Capital. Nous avons discuté un moment des sinistres présages qui altéraient le paysage financier. C'est une demi-heure plus tard, après avoir raccroché le téléphone, que la nonchalance avec laquelle nous avions devisé de ces terribles calamités m'a sauté aux yeux. Ensuite, il m'est apparu que, tandis que ces événements avaient lieu, la plupart des gens poursuivaient leur course folle ; ils ignoraient complètement que le système tout entier aurait pu être détruit en ce jour. Nous avions frôlé le chaos absolu !

C'est là que j'ai réalisé que nous ne sommes pas prêts. Nous pensons l'être, mais nous traitons du désastre économique avec résignation. Nous haussons les épaules, et nous concluons : « Il faut agir de notre mieux et placer notre confiance dans le Seigneur. Il n'y a vraiment rien d'autre à faire. » Mais si, nous pouvons faire quelque chose ! Bien sûr, qu'il y a une préparation spécifique à laquelle nous devrions tous nous appliquer en ce moment : il faut commencer à emmagasiner notre foi et notre force spirituelle. Et la seule manière de procéder consiste à nous approcher de Jésus, dans notre lieu secret de prière ! Nous n'y parviendrons jamais par un autre moyen. David nous le montre : « *Ô ! Combien est grande ta bonté… que tu exerces envers ceux qui se réfugient en toi, en face des humains ! Tu les caches sous l'abri de ta face, loin des intrigues des hommes, dans un refuge…* » (Psaume 31 : 20-21).

Il est temps de nous enfermer à double tour avec le Christ, et de répandre nos cœurs devant lui, sans désemparer !

Dans la fureur du prochain orage, vous aurez besoin d'une réserve de force personnelle.

Au milieu de la tempête, vous ne pourrez pas vous appuyer sur la force des autres, de qui que ce soit : ni sur votre conjoint, ni sur votre pasteur, ni sur votre ami(e), ni même sur un prophète.

Quand le Seigneur a jugé Israël, le peuple pensait pouvoir courir jusqu'aux prophètes, pour être sauvé. Mais Dieu a dit : « *Si j'envoie la famine, si je retranche hommes et bêtes, et qu'il y ait au milieu de toi ces trois hommes : Noé, Daniel et Job, ils délivreront leur âme par leur justice… ils ne délivreront ni fils, ni filles, eux seuls seront délivrés »* (Ézéchiel 14 : 13-16). Dieu exposait à Israël : « Même ces hommes pieux ne disposent que de la justice nécessaire pour se délivrer eux-mêmes. Même le plus juste aujourd'hui n'a pas assez pour te sauver ! »

Cette même vérité se retrouve dans la parabole des dix vierges. (NDLT : voir Matthieu 25 : 1-13). Quand les cinq jeunes filles insouciantes tentèrent d'emprunter de l'huile à leurs camarades plus réfléchies, celles-ci leur répondirent : « Allez l'acheter vous-mêmes. Nous n'en avons pas assez pour tout le monde ! »

Comprenez-vous cet enseignement de Jésus ? « Personne n'a suffisamment de foi pour vous porter : ne comptez absolument que sur votre foi personnelle ! »

Je m'adresse maintenant à toutes les épouses chrétiennes : un jour, bientôt, quand le monde s'effondrera autour de vous, votre intercesseur de mari ne saura pas apaiser votre trouble ni votre esprit craintif. Vous verrez qu'il va toujours s'affermissant, tandis que vous fondrez d'appréhension et de terreur… mais il ne pourra pas vous aider. Vous devez constituer vos propres réserves de force ! Mais vous ne les obtiendrez pas en écoutant des prédications ou des études bibliques, que ce soit sur K7 ou sur CD, ni en participant au culte collectif, ni par des œuvres charitables. Chacune d'entre vous ne s'édifiera qu'en se tenant, seule, dans la présence du Seigneur !

Je destine le même message à tous les maris chrétiens : vous pensez que votre épouse dévouée sera toujours là, pour prier, afin de dissiper vos angoisses. Mais votre compagne pourrait être investie d'un autre ministère au cours des dures périodes à venir. Que ferez-vous alors, vous qui aurez mis tous vos espoirs en elle ? Vous serez saisis d'effroi dans les temps difficiles : vous serez aveugle !

Célibataires ou ecclésiastiques, je vous conjure de commencer à chercher le Seigneur de tout votre cœur. Si vous passez du temps, chacun seul avec le Seigneur chaque jour, vos genoux ne trembleront jamais, aussi effrayantes que deviennent les nouvelles. Vous ne redouterez pas de perdre votre travail ou votre toit – parce que vous aurez l'assurance que votre Sauveur pourvoira !

Je déclare maintenant à chaque chrétien : le temps est venu de rester en tête-à-tête avec Jésus, pour chercher sa face et développer un rapport affectueux, avec lui, dans la prière. Le psalmiste dit, de ceux qui se tiennent devant le Seigneur, en Sion : « *Leur vigueur ne cesse de croître…* » (Psaume 84 : 8). Le croyant qui prie ne faiblira pas, même dans les moments terribles. Au contraire, il deviendra de plus en plus fort, parce qu'il place sa confiance en Dieu, plutôt que dans les fils de l'homme !

Ésaïe nous réconforte, avec ces puissantes paroles : « *Ne l'as-tu pas reconnu ? Ne l'as-tu pas entendu ? C'est le Dieu d'éternité, l'Éternel, qui a créé les extrémités de la terre ; il ne se fatigue ni ne se lasse ; son intelligence est insondable. Il donne de la force à celui qui est fatigué, et il augmente la vigueur de celui qui est à bout de ressources. Les adolescents se fatiguent et se lassent, et les jeunes hommes trébuchent bel et bien ; mais ceux qui espèrent en l'Éternel renouvellent leur force. Ils prennent leur vol comme les aigles ; ils courent et ne se lassent pas, ils marchent et ne se fatiguent pas* » (Ésaïe 40 : 28-31).

CHAPITRE ONZE

DIEU RÉTABLIRA-T-IL SON ÉGLISE AU COURS DE LA PROCHAINE DÉPRESSION ?

LE RÉVEIL AU TRAVERS DE LA SOUFFRANCE

En lisant l'Écriture, je distingue l'espoir, pour l'Église de Dieu, au milieu des prochaines ténèbres. Je pense que, pendant cette période de jugement, le Seigneur va purifier et réveiller son peuple. La ruine financière fera certainement partie du procès à venir. Et, selon la Parole de Dieu, le jugement commence dans sa maison. Mais Dieu rétablira-t-il son peuple, en ces temps d'épuration et de jugement ?

Il est impossible de répondre, sans définir d'abord ce qu'est l'Église. Je crois que la véritable Église de Jésus-Christ est vivante, saine et tout à fait éveillée. Ce n'est pas une organisation, mais un corps caché de croyants dévoués, qui n'ont pas failli dans leur passion pour le Christ. Ils ne se sont jamais refroidis ou même seulement attiédis, ils n'ont pas déserté ni accepté de compromissions. Ce corps se déplace et agit toujours dans l'amour et la puissance du Christ. En fait, il est plus près de Jésus qu'il ne l'était autrefois, assis avec lui dans les lieux célestes. Alors, si tout cela est vrai, pourquoi une semblable

Église aurait-elle besoin de ce que les chrétiens appellent si frileusement : « le Réveil » ?

Parce que, je le crois aussi, beaucoup de ce qu'on appelle l'Église, aujourd'hui, n'est ni reconnu ni accepté par Dieu comme étant « son » Église. Et c'est précisément cette Église de l'homme : froide, morte, chargée de péchés – et non pas l'Église de Dieu – qui doit être réveillée et rétablie. Dans les prochains jours, cette Église apostate sera la cible de Dieu, qui l'épurera et la châtiera. Pour l'heure, c'est une Église dévoyée par des pasteurs qui agissent comme des prédateurs, qui s'attaquent aux veuves, aux pauvres et aux victimes de la désinformation spirituelle. Ils ont égaré des multitudes avec leur message de prospérité, les encourageant à croire en un Évangile distributeur de santé et de richesse, qui présente Jésus sous un faux jour.

Dieu a déjà rédigé la nécrologie de ces ministères de faux bergers. Au cours de la prochaine dépression, les prédicateurs de l'opulence verront leur univers s'écrouler autour d'eux. Les évangélistes qui ont prôné un Évangile étincelant de paillettes et un Christ façon « Papa Noël » vont faire faillite.

Le plus tragique de tout, c'est que – quand la fortune s'évanouira et que les temps difficiles s'installeront – ceux qui auront été ensorcelés par cette caricature de l'Évangile ne voudront plus faire confiance à personne, pas même au Seigneur !

L'Église humaine doit être ruinée, pour que Dieu puisse reconstruire du solide et de l'acceptable.

Dieu veut restaurer l'Église rétrograde. Osée proclame l'espoir du Seigneur à son égard : « *Israël, reviens à l'Éternel, ton Dieu, car tu as trébuché par ta faute* » (Osée 14 : 2).

Le prophète reproche au peuple de Dieu : « La prospérité a endurci ton cœur au point que, pour te toucher, le Seigneur n'a pas d'autre instrument que le jugement. Tu es un peuple renégat, et tu t'es égaré si loin de lui qu'il va devoir te dépouiller de tout. Prépare-toi donc à ce qu'il secoue les bases mêmes de ton existence. Le seul espoir qui t'est laissé, c'est de revenir à lui, rien que pour subsister! ».

À l'époque où Osée prononçait ces paroles, la tourmente était déjà sur Israël. Dieu punissait le pays, comme il avait annoncé qu'il le ferait. Une épouvantable sécheresse sévit sur la terre, les sources d'eau furent taries. Bientôt, toutes ressources épuisées, la nation entière s'effondra. Rien ne put endiguer la décadence. La désolation et la disette s'abattirent sur Israël où, soudainement, chacun devint craintif, désolé, angoissé comme une femme en train d'accoucher.

Aujourd'hui, Dieu donne un avertissement identique, à l'Église hérétique : « Tu es sur le point de faire face à la plus dure des époques. Je vais ébranler tout ce que tu vois, ton économie, ton épargne, tes possessions. Quand tu seras dépouillée de tous les biens terrestres, dans lesquels tu as placé ta confiance, quand tout ce qui est de la chair sera ruiné, quand tous tes établissements s'émietteront, et que tu en seras réduite à lutter pour survivre, peut-être qu'alors tu te repentiras et que tu reviendras à moi… »

Ensuite, mais seulement ensuite, Dieu promet : « *Je guérirai leur inconstance, j'aurai pour eux un amour généreux. Car ma colère s'est détournée d'eux* » (Osée 14 : 5).

Dieu peut guérir l'Église institutionnelle et mondaine; mais je suis d'accord avec Osée : la guérison ne sortira que du déchirement, l'éradication de tout ce qui a éloigné de Dieu le cœur des siens – y compris l'amour de l'argent.

Jésus dit : « *Les portes du séjour des morts ne prévaudront pas contre elle* (mon Église) » (Matthieu 16 : 18). Et Ésaïe : « *Tout instrument de guerre fabriqué contre toi sera sans effet* » (Ésaïe 54 : 17). L'Église consacrée au Seigneur a expérimenté, de première main, la véracité de ces paroles. Mais les portes du séjour des morts prévalent contre l'Église des hommes. Le verbe « prévaloir » signifie ici « maîtriser, défaire ». Et donc, Satan a battu et corrompu cette Église du monde que Dieu ne reconnaît plus pour sienne! Force est d'admettre que quelques dénominations ont, réellement, été maîtrisées par les armes du diable. Comment expliquer autrement ce qui se produit dans beaucoup d'organisations ecclésiastiques libérales ? Les évêques ordonnent des homosexuels. Les pasteurs ne croient plus que la Bible est la Parole vivante de Dieu ; ils nient le caractère virginal de la naissance du Christ et prétendent qu'il n'y a ni ciel ni enfer ; ils appellent le bien mal et le mal bien ; ils préconisent l'avortement ; ils démentent haut et fort les miracles du Christ. Et maintenant, beaucoup d'universités qui sont autant de filiales d'Églises, ainsi que bon nombre de séminaires, discréditent tout ce qui est saint. Les professeurs semblent s'acharner à faire chavirer le peu de foi qui reste à leurs jeunes étudiants. Si ce n'est pas ici la fresque d'une Église dominée par l'ennemi, alors, je ne sais pas ce que c'est !

Jamais Dieu n'a considéré semblable apostasie, ou divagation, au sein de son Église. Cette « Église de l'homme », défaite et asservie, peut être tenue en haute estime par le monde ; mais elle reste en abomination aux yeux du Seigneur. En effet, c'est bien cette Église qui doit être renversée et purifiée.

Les chrétiens n'ont pas une compréhension très claire de ce qui constitue la véritable Église du Seigneur Jésus-Christ.

Nous avons trop dérivé, loin de toute définition authentique de l'Église du Christ. Par exemple, pensez à la manière charnelle dont nous mesurons le succès dans l'assemblée. Le plus souvent, nous évaluons la bénédiction de Dieu à son envergure et à sa croissance, en termes tout à la fois de chiffres et de finances. Nous sommes intimidés par les « méga-églises », les églises qui poussent comme des champignons, les églises qui développent tous les types de programmes imaginables. En regardant ces superbes édifices, ces domaines qui s'étendent sur des centaines d'hectares et ces sanctuaires où se pressent des milliers de personnes, nous ne pouvons nous empêcher de penser : « Voilà une église qui réussit. C'est ici que Dieu doit vraiment être à l'œuvre ».

Mais je vous assure que Dieu n'apprécie pas la valeur à ces normes! Une église peut avoir une foule de services différents, un budget énorme et de multiples centres sociaux et caritatifs – sans que Jésus y fasse sa demeure. Partout où la chair est au travail, l'Esprit de Dieu n'est pas présent!

Un ami pasteur m'a parlé d'une prise de conscience effrayante qu'il avait eue en lisant avec attention le formulaire de renouvellement d'ordination que son diocèse lui avait envoyé. Il parcourait des paragraphes traitant des aspects pratiques et il lui est finalement apparu qu'aucune des questions posées n'était empreinte de spiritualité. Il s'agissait plutôt d'énoncés du genre : « Combien de personnes assistent à vos services, le dimanche ? Quelle croissance votre église a-t-elle observée ? Quel est le pourcentage de cet accroissement reflété par votre budget ? Qu'est-ce qu'il représente par personne ? Quel était le montant de vos dons aux missions, l'an dernier ? Combien de garçons se sont inscrits dans le programme ? Combien de femmes enrôlées dans le corps des auxiliaires ? Combien de fois avez-vous prêché cette dernière année ? »

Pas un mot concernant la vie de prière du pasteur – ni de l'Église. Aucune interrogation sur sa marche personnelle avec Dieu. Rien à propos de ses rapports d'ordre moral dans l'Église, de l'état spirituel de la famille ou de la communauté dirigée par le pasteur, de ses fardeaux et de la croissance de ses brebis. Mon ami aurait tout aussi bien pu être un réprouvé ou un adultère et passer quand même avec succès le test de sa profession de foi, juste en remplissant le questionnaire usuel !

Inutile de le dire, j'ai été choqué et stupéfié d'apprendre à quel point les dirigeants de cette dénomination étaient éloignés de la plus élémentaire conception de la véritable Église de Jésus-Christ. Je crois que certains indices caractérisent l'Église authentique de notre Seigneur.

Je veux vous citer plusieurs exemples de l'Écriture.

1. L'Église authentique de Jésus-Christ est composée de croyants qui ont une relation d'amour avec leur Seigneur.

Le modèle originel, de la véritable Église du Christ, se trouve dans l'évangile de Jean :

« *Marie-Madeleine vint annoncer aux disciples qu'elle avait vu le Seigneur, et qu'il lui avait dit ces choses. Le soir de ce jour, qui était le premier de la semaine, les portes du lieu où se trouvaient les disciples étaient fermées, par la crainte qu'ils avaient des Juifs : Jésus vint, et debout au milieu d'eux, il leur dit : "Que la paix soit avec vous! Comme le Père m'a envoyé, moi aussi, je vous envoie." Après ces paroles, il souffla sur eux et leur dit : "Recevez l'Esprit Saint. Ceux à qui vous pardonnerez les péchés, il leur seront pardonnés, et ceux à qui vous les retiendrez, ils leur seront retenus"* » (Jean 20 : 18-23).

Ce passage décrit le premier rassemblement des saints après la résurrection de Jésus. C'était, littéralement, la première réunion de l'Église du Christ. Et dans cette assemblée, nous décelons tous les procédés initiaux de l'Église du Seigneur à travers l'Histoire.

Tous les croyants présents à cette occasion avaient axé leur vie exclusivement sur Jésus. Ils auraient tout donné pour être avec lui. Il était même plus important pour eux que leurs propres familles. Leur existence était entièrement fondée sur chaque mot qu'il avait prononcé. Chacun d'entre eux pouvait vraiment s'exclamer : « *Pour moi, Christ est ma vie!* » (NDLT : voir Philippiens 1 : 21).

D'après Luc, le nombre de participants excédait les seuls onze disciples. Il est donc probable que devaient être là Joseph d'Arimathée, Nicodème, certains des soixante-dix désignés, des habitants de la ville de Béthanie y compris Marie, Lazare et leur famille, ainsi que les propres frères de Jésus. Les points communs, unissant ces fidèles, consistaient en une dévotion complète à l'homme Jésus-Christ, une vision fraîche de leur Seigneur dans la puissance de résurrection et un cœur qu'exaltait sa Parole.

Simon Pierre y était, et nous savons qu'il avait reçu des révélations extraordinaires de Jésus : il avait vécu chaque jour, durant trois ans, avec le Christ ; et il l'avait vu transfiguré, avec Moïse et Élie, sur la montagne. Marie-Madeleine avait goûté des révélations personnelles de Jésus, aussi bien avant qu'après sa résurrection : il avait chassé d'elle sept démons et plus tard, c'est à elle qu'il s'est révélé, à sa sortie du tombeau. Les deux pèlerins d'Emmaüs pouvaient faire partie de l'assistance : ils avaient été au bénéfice d'une révélation glorieuse du Christ, tandis qu'ils marchaient le long de la route, et qu'il leur déchiffrait tout ce que l'Écriture disait à son sujet (voir Luc 24 : 27) ; ils ont témoigné de ce que ses paroles brûlaient leurs cœurs.

Tous ceux qui se tenaient dans cette chambre, la courtisane convertie, Luc le médecin, les pêcheurs qui avaient laissé tomber leurs filets pour suivre Jésus, le publicain Nicodème, le riche Joseph, les pauvres veuves, ou Lazare ressuscité, chacune de ces personnes avait une relation d'amour exceptionnelle avec le Seigneur. On pourrait considérer Pierre et les autres apôtres comme les chefs de ce groupe. Mais ils n'étaient pas les seuls à avoir reçu une révélation du Christ, et la leur ne surpassait pas non plus celle des autres. Non – chacun, en ce lieu, avait fait une rencontre individuelle et spéciale avec lui. Quel merveilleux spectacle ce devait être ! Au sein de la plus monstrueuse apostasie, des épaisses ténèbres, de la haine envers le Fils de Dieu et du rejet de son amour, le Seigneur sanctifiait pleinement un peuple qu'il consacrait lui-même !

Et il en est ainsi aujourd'hui. Partout, dans chaque nation et groupe ethnique, sur chaque continent, parmi des riches et des pauvres de toutes races, le Seigneur dispose d'hommes et de femmes qui lui sont entièrement dévoués, exactement comme lors de ce premier rassemblement. C'est dans le chaos et l'obscurité spirituels, qu'ils se rapprochent davantage, devenant intimes avec lui.

À chacun de mes voyages à l'étranger, je rencontre invariablement d'autres chrétiens. Certains m'étreignent immédiatement ou saisissent ma main et s'écrient : « Le Seigneur soit loué ! Je suis chrétien, moi aussi ! C'est si bon de rencontrer un autre frère en Christ ! »

Dans certains cas, cependant, il ne me faut pas longtemps pour discerner que nous ne partageons pas une véritable unité spirituelle.

Au fur et à mesure que notre entretien s'approfondit, je constate qu'ils ne parlent que de leur belle vie, de leur récente promotion, de leurs vacances passionnantes. Ils ne manifestent jamais le moindre signe d'un cœur zélé pour Jésus. Il devient rapidement évident qu'ils ne font pas partie de ce vaste, invisible « reste fidèle » de ses inconditionnels amoureux, de ceux qui appartiennent corps et âme au Christ.

Parfois, à l'extérieur, j'ai assisté à des réunions de prières où les gens louaient le Seigneur hardiment, et j'ai pensé : « J'ai trouvé l'Église du Seigneur ! » Mais, dès que le pasteur s'est levé pour parler, j'ai réalisé qu'il n'était pas inspiré par le Christ. Tout ce qu'il disait venait de la chair. Par conséquent, le lien de l'Esprit de Dieu était tout simplement absent. Ce n'était pas vraiment « son » Église.

Je me suis souvent demandé ce qui se passerait si Jésus venait en chair et que je lui demande de me « la » présenter. Je crois qu'il m'emmènerait comme en excursion, d'une assemblée à l'autre, en m'en désignant de grandes et de petites. Pourtant et de tout ce grand nombre le long de la route, il n'en choisirait que quelques-unes, vers lesquelles il se dirigerait en disant : « C'est ici mon Église ».

Je n'ai aucun doute : je serais tout à fait choqué. Je demanderais : « Mais, Seigneur, qu'en est-il de ces milliers d'autres qui te chantent des chansons d'amour ? ».

Il répondrait : « Elles ne me sont pas consacrées. Ces gens pratiquent bien une forme de culte, mais pas d'un cœur véritablement aimant. Ils connaissent les paroles, mais n'accomplissent pas les actions, et ils n'aspirent pas à ma vérité. Non, ce n'est pas cela, mon Église. »

Puisse Jésus vous montrer du doigt, témoignant devant l'armée des cieux : « Regardez ! C'est là mon Église, mon habitation ! Écoutez, comme il soupire après moi. Je lui ai parlé pendant des années, et il en demande toujours davantage. Il a faim et soif de ma Parole !

Voyez : elle fait tout son plaisir ! Il a prouvé son amour par son obéissance à ma Parole. Et maintenant, voici mon autre servante. Considérez qu'elle m'attend, seule, dans son lieu de prière. Elle désire une relation toute fraîche avec moi. Non seulement j'occupe la première place, dans son existence, mais je suis tout pour elle. Je suis le centre de ses pensées, sa vie même ! »

2. *Dans l'Église authentique de Dieu, l'esprit saint est à l'œuvre, insufflant un esprit de pardon et d'amour dans le corps du Christ.*

L'Écriture nous apprend qu'après sa résurrection, Jésus a soufflé sur ses disciples, et dit : « *Recevez l'Esprit Saint* » (Jean 20 : 22). En substance, le Christ exprimait : « L'Esprit Saint est mon souffle même ! ».

Nous savons qu'à cette époque, Jésus construisait son Église, en utilisant ces mêmes personnes comme autant de pierres vivantes. Il bâtissait le fondement sur lequel toutes les œuvres de l'Évangile seraient édifiées à l'avenir. C'est pourquoi le travail très particulier de l'Esprit, dans ce passage, revêt assurément une profonde signification.

Nous pouvons déduire du contexte que l'acte de Jésus avait pour but de préparer ses disciples à porter son témoignage à un monde perdu. Remarquez le verset qui suit immédiatement le souffle de l'Esprit de Dieu sur eux : « *Ceux à qui vous pardonnerez les péchés, ils leur seront pardonnés, et ceux à qui vous les retiendrez, ils leur seront retenus* » (Jean 20 : 23).

Nous savons que seul le Seigneur peut pardonner les péchés. Alors, qu'est-ce que Jésus pouvait bien vouloir dire ? La « rémission des péchés » dont le Christ fait mention ici se rapporte à ceux que les autres ont commis contre nous. Il veut que sa miséricorde et son pardon soient manifestes, en nous et par nous, de sorte que le monde entier soit témoin de son amour et de sa promptitude à pardonner – rien qu'en observant notre comportement. C'est ainsi que nous prêchons la compassion du Christ aux pécheurs.

Une autre fois encore, Jésus nous a montré l'exemple – et c'était sur la croix. Dans cet épouvantable, cet abominable moment, il a prié : « *Père, pardonne-leur, car ils ne savent pas ce qu'ils font* »

(Luc 23 : 34). Par cette simple phrase, le Christ absolvait complètement ses meurtriers : « Père, quels que soient les autres péchés dont ces hommes devront répondre devant toi, par ce moyen, je les libère de la culpabilité ». Aussi, quand viendra le jour du Jugement, aucun de ces soldats, prêtres ou dirigeants ne sera accusé de la crucifixion de Jésus, parce qu'il a dit : « Je remets ce péché ! »

C'était aussi l'esprit d'Étienne, quand il fut lapidé. L'Écriture rapporte : « *Il se mit à genoux et s'écria d'une voix forte : "Seigneur, ne les charge pas de ce péché !"* » (Actes 7 : 59). Étienne, à son tour, intercédait : « Père, je te prie, efface de ton livre ce péché qu'ils commettent. Je leur pardonne sur la terre et dans le ciel ! »

Pourquoi Jésus nous demande-t-il d'agir ainsi ? Il nous l'explique : « Je construis mon Église sur des bases de rémission et de miséricorde. Et votre promptitude à pardonner ceux qui ont péché contre vous est le témoignage que vous portez pour moi. Parce que vous me serez consacrés, exécutant ma volonté, portant du fruit, étant utiles à mon corps, vous serez persécutés, incompris, ridiculisés, battus, tués. On vous appellera "les balayures, le rebut du monde". Et votre chair souhaitera se venger. Vous serez tentés de battre en retraite, afin de vous protéger. Même des frères et sœurs dans la foi (entendez par là des "gens religieux") vous maltraiteront. Ils vous abuseront, vous calomnieront, vous blesseront, opprimeront votre esprit. Vous penserez que vous avez le droit d'exercer une légitime défense, vous voudrez agir à la manière humaine et rendre les coups. C'est pourquoi ce que j'exige de mon Église est impossible, sans le souffle et l'onction mêmes de mon Esprit. Vous ne pouvez tout simplement pas l'accomplir, en vous appuyant sur votre propre force : je vous ordonne de remettre chaque injustice qu'un frère ou une sœur, ou même un quelconque délinquant, perpètre contre vous. J'aurai pitié de ceux à qui vous manifesterez de la pitié. Tous ceux qui pèchent contre le Père et contre la grâce auront à répondre devant lui de leurs transgressions. Mais quelque péché que vous pardonnerez, alors qu'il a été commis contre vous, je le pardonnerai ! ».

L'Église de Jésus-Christ est une maison où il n'y a pas de place pour la vengeance. C'est un endroit où chaque enfant de Dieu dévoué a libéré de ses péchés le cœur de ses ennemis et, simultanément, demandé au Père de les en affranchir. Il ne disculpe pas à contrecœur et il ne garde pas rancune. Et c'est là le témoignage puissant du corps du Christ à sa gloire : « Nous pardonnons ceux qui ont péché contre nous, comme nous avons été nous-mêmes pardonnés ! ».

Nous parlons de la nouvelle naissance et nous prions pour une plus grande effusion de l'Esprit Saint de Dieu sur l'Église. Mais, trop souvent, nous les tenons pour acquis au vu des marques et des signes extérieurs. Une vraie « nouvelle naissance » est une manifestation impressionnante de la présence de Jésus, mais en ce que nous sommes individuellement convaincus de péché pour avoir éprouvé de l'amertume, pratiqué la charité à regret, négligé la prière ou toute activité selon la Parole de Dieu. Il n'y a aucune œuvre digne du nom « nouvelle naissance » ou du « Réveil », sans cette salutaire expression du remords et de la dévotion totale au Christ.

Vous voyez à quel point il est important pour tout le peuple de Dieu d'avoir la présence du Christ manifestée au milieu de lui à tout moment. Seul, son Esprit peut nous donner la capacité de pardonner du fond du cœur et sans rancune – d'offrir la bonté, la compassion, la rémission et la restauration à tous ceux qui nous ont fait du tort. En conséquence, nous devons être imprégnés de l'esprit du Dieu de la grâce à chaque instant !

Dans ce désert de la crise économique, Dieu va renouveler ses vœux d'amour et de mariage.

« Je te fiancerai à moi pour toujours. Je te fiancerai à moi avec justice et droit, loyauté et compassion. Je te fiancerai à moi avec fidélité, et tu reconnaîtras l'Éternel » (Osée 2 : 21-22).

Le Seigneur dit à l'Église : « Il fut un temps où tu m'aimais de tout ton cœur. Tu me considérais comme un époux doit être considéré. Tu n'avais pas d'autres amours, et tu m'étais fidèle. Mais, maintenant, tu as pris des amants. Et je vais tous te les enlever. Je vais t'isoler, jusqu'à ce qu'il ne reste plus que toi et moi. Et je recouvrerai ta dévotion que j'ai si ardemment désirée. Tu chercheras de nouveau à me connaître ! »

Essayez d'imaginer une époque où les enfants de Dieu n'auront plus les moyens de régler l'abonnement d'internet, ni de s'offrir le cinéma ou des vidéos… ou chaque dollar ou euro devra être compté, pour assurer le minimum vital… où les gens passeront des heures à genoux, implorant le Seigneur pour leur pain quotidien, parce qu'il n'y aura pas d'autre solution. Quand ce temps viendra, il n'y aura plus d'argent à gaspiller pour des frivolités. Brusquement, le point culminant de toute l'existence sera de se tenir dans la maison de Dieu. Nous nous rapprocherons de notre Père, par la prière – et nous serons au comble de la révérence, à cause de l'aide miraculeuse qu'il nous enverra !

Dieu a rappelé aux Israélites qu'ils l'aimaient davantage quand ils étaient dans le désert de la privation : « *Ainsi parle l'Éternel : "Je me souviens de ton amour de jeune fille, de ton affection de fiancée, quand tu me suivais au désert, dans une terre stérile"* » (Jérémie 2 : 2). Il évoquait ce passé : « Tu étais dans un désert aride, un lieu ingrat et sans vie. Il n'y poussait ni blé, ni orge ni haricots, ni même un brin d'herbe. Mais c'est dans ce lieu hostile que, pour la première fois, tu es devenue mon amour. J'étais le centre de ta vie, et tu me cherchais de tout ton cœur. Tu me chérissais tendrement, parce que j'étais tout pour toi. Ne te souviens-tu pas, Israël ? Tu as appris à m'aimer dans la pénurie la plus totale ! » « *Israël était consacré à l'Éternel* » (Jérémie 2 : 3).

Ensuite, Dieu leur a reproché de s'être détournés de lui vers le péché, après qu'il ait déversé sur eux ses bienfaits : « *Je vous ai fait venir dans un pays de vergers, pour que vous mangiez le fruit succulent ; mais vous êtes venus, et vous avez rendu mon pays impur, et vous avez fait de mon héritage une horreur* » (Jérémie 2 : 7).

Une fois qu'Israël eut expérimenté une grande prospérité : « *Les bergers m'ont été infidèles, les prophètes ont prophétisé par Baal et se sont ralliés à ceux qui ne sont d'aucune aide* » (Jérémie 2 : 8). En substance, Dieu constatait : « Tu étais bien différente, aux jours où je t'ai emmenée dans le désert. Tu me traitais comme une jeune mariée affectueuse devrait toujours traiter son époux. Mais tu as été trop gâtée : la prospérité et les bénédictions t'ont corrompue ; elles m'ont dérobé ton cœur ! »

C'est exactement ce qui est arrivé à l'Église de notre génération en Amérique. Trop d'abondance nous a ravi notre amour passionné pour Jésus. Nous avons regardé les faveurs de Dieu comme un dû et, maintenant, nous sommes en quête même de notre identité.

L'Église de nom – ce qui inclut des dénominations entières – est devenue paresseuse, tiède, pervertie, blasphématoire, convaincue qu'elle n'a aucun besoin de Dieu. Alors, voyons ce qu'a fait Dieu, quand la nation d'Israël s'est trouvée dans cette situation. Il l'a informée : « *C'est pourquoi j'entre encore en procès avec vous, oracle de l'Éternel : J'entre en procès avec les fils de vos fils* » (Jérémie 2 : 9). Il annonçait : « Je te ramène au désert. Et quand nous y serons parvenus, j'interviendrai encore une fois pour que tu me reviennes, pour que tu sois mienne, que tu sois fidèle ».

Cette prophétie nous concerne, aujourd'hui. La dépression mondiale à venir est le moyen que Dieu utilise pour conduire de nouveau son Église dans un désert. Et, quand il nous y aura introduits, il plaidera en notre faveur pour que nous retournions à nos premières amours. Il veut que nous nous reposions sur lui, que nous placions notre entière confiance en lui, que nous l'aimions comme notre époux fidèle, protecteur et dispensateur.

Selon le prophète Ésaïe, voici comment Dieu pourvoira dans ce désert : « *Fortifiez les mains languissantes et affermissez les genoux qui chancellent ; dites à ceux dont le cœur palpite : "Fortifiez-vous, soyez sans crainte, voici votre Dieu. La vengeance viendra, la rétribution de Dieu ; il viendra lui-même et vous sauvera." Alors s'ouvriront les yeux des aveugles, s'ouvriront les oreilles des sourds ; alors le boiteux sautera comme un cerf, et la langue du muet triomphera. Car des eaux jailliront dans le désert et des torrents dans la Araba. Le mirage se changera en étang* et la terre de la soif en fontaine d'eaux. Dans le repaire où se couchaient les chacals, il y aura un emplacement pour les roseaux et les joncs. Il y aura là un chemin frayé, une voie qu'on appellera la voie sainte ; nul impur n'y passera ; elle sera pour eux seuls ; ceux qui la suivront, même les insensés, ne pourront s'égarer, et là il n'y aura pas de lion ; nulle bête féroce ne la prendra, nulle ne s'y rencontrera ; et là marcheront des affranchis ; ainsi ceux que l'Éternel a libérés retourneront, ils arriveront dans Sion avec chants de triomphe, et une joie Éternelle couronnera leur tête ; l'allégresse et la joie s'approcheront, le chagrin et les gémissements s'enfuiront » (Ésaïe 35 : 3-10).

Oui, notre Dieu agira ainsi, pour nous, dans notre désert. Que sa Parole bénie chasse toute crainte de votre cœur, en sorte que vous reveniez à lui, dans la foi et dans l'amour !

CHAPITRE DOUZE

LE REPOS EN JÉSUS DANS LES TEMPS DIFFICILES

Le ministère de sentinelle consiste à discerner ce qui vient, du haut des murs de la ville, et à donner l'alarme en soufflant dans la trompette. La sentinelle doit aussi communiquer, à la population, chaque information dont elle dispose. Parfois, ce guetteur peut être passionné ou émotif à l'excès, en fonction de ce qu'il voit – par exemple, s'il distingue une gigantesque tornade qui se lève à l'horizon – et, dans ce cas, sonner du cor trop fort, au point d'en percer les oreilles. Mais il doit encore et toujours avertir. Lorsqu'il a alerté le peuple, son travail est terminé. Mais qu'on observe ou qu'on ignore son message, il a pour obligation d'informer, d'avertir et d'alerter (NDLT : voir Ézéchiel 3 : 17).

Tous les prophètes de l'Ancien Testament étaient des sentinelles. L'Esprit de Dieu les saisissait et leur dévoilait les jugements impressionnants à venir sur leur nation : peste, famine, sanctions, guerre, commotions. Par les yeux de l'esprit, ces sentinelles voyaient les armées d'envahisseurs balayer Israël. Et, pour éclairer très précisément le peuple, elles étaient aptes à décrire jusqu'au battement sourd des sabots des chevaux de l'ennemi. Aujourd'hui encore, quand nous lisons les Écritures prophétiques, nous pouvons presque percevoir les clameurs de la guerre. Leurs prophéties étaient volontairement chargées d'impact émotionnel, afin de troubler suffisamment le peuple pour qu'il prenne en compte l'avertissement de Dieu.

Aujourd'hui, nous décrivons les prophètes d'antan avec une triste mine, des veines gonflées, sonnant le branle-bas de combat comme des fous furieux. Mais je crois que nous les avons totalement méjugés, notamment Jérémie et Ézéchiel. Lorsque j'ai étudié les biographies des prophètes de l'Ancien Testament, je les ai reconnus parmi les plus stables et les plus équilibrés des personnages de la Bible. Le jugement n'était pas leur unique message. Ils montraient tout autant d'émotion et de passion quand ils parlaient de l'amour et de la miséricorde de Dieu envers son peuple.

Les prophètes n'ont jamais permis aux messages de jugement de dépasser leurs pensées ni leur propos.

Les prophètes étaient aussi instruits des grandes compassions et de l'incommensurable bonté de Dieu que de son implacable courroux et de sa fureur. Oui, nous lisons des descriptions de ces hommes tremblant, vacillant, de leurs « *entrailles frémissantes* ». Mais les prophètes de Dieu étaient également extrêmement joyeux dans le Seigneur. En fait, ils étaient plus impatients d'annoncer au peuple de Dieu sa bonté que ses sentences.

Prenons Ésaïe. Au chapitre 24, le prophète gémit : « Malheur à moi ! Je ne perçois que trahison alentour. Et toute la terre est ébranlée, jusqu'en ses fondations. Le Seigneur renverse toutes choses, et je ne vois plus que destruction. La joie s'est changée en ténèbres, toute liesse s'est envolée. La terre titube comme un homme ivre. Le châtiment de Dieu s'appesantit sur elle ». Ici, Ésaïe fait son travail de sentinelle : il est sur la muraille et il décrit ce qu'il voit venir, quelque chose qui ne s'est pas encore produit. Il est affligé et profondément torturé par sa vision. À propos de « son secret », il s'écrie : « *Ma maigreur ! Malheur à moi* » (NDLT : version Darby). C'est si terrifiant que cette déclaration, à elle seule, le blesse. Mais, après avoir délivré son âme, il est libre de toute culpabilité ainsi que de la coulpe du sang. Et notez avec quelle rapidité il se tourne en direction de la mansuétude, et s'en remet à la merci de Dieu : « *Éternel ! Tu es mon*

Dieu ; je t'exalterai, je célébrerai ton nom, car tu as fait une merveille. Tes projets, conçus depuis longtemps, sont fermes, solides… Car tu as été un refuge pour le faible, un refuge pour le pauvre dans la détresse, un abri contre la pluie battante, un ombrage contre la chaleur ; car le souffle des tyrans est comme la pluie battant un mur… Il anéantit la mort pour toujours ; le Seigneur, l'Éternel, essuie les larmes de tous les visages, il fait disparaître de toute la terre le déshonneur de son peuple ; car l'Éternel a parlé. En ce jour l'on dira : Voici notre Dieu, c'est en lui que nous avons espéré ; soyons dans l'allégresse, et réjouissons-nous de son salut ! » (Ésaïe 25 : 1, 4, 8-9).

Ce ne sont pas là les propos d'un individu austère, voire grincheux. À l'évidence, ils sortent plutôt du cœur d'un homme jovial. Ésaïe pouvait affirmer : « J'ai fait ma part. Je vous ai averti des malheurs à venir. Mais je tiens aussi à ce que vous sachiez quel Dieu merveilleusement compatissant nous servons ! ».

Maintenant, passons à Jérémie. On l'appelle parfois « le prophète de malheur » parce qu'il a prononcé les plus horrifiants avertissements de toute l'Écriture. C'était l'homme désigné pour annoncer la chute de Jérusalem, la destruction du Temple et les soixante-dix années de captivité. Et il a prévenu le peuple en usant d'images d'une rare violence. Il prédisait : « Je vois des armées arriver – comme un tonnerre au milieu de la ville – elles jettent à bas ses murailles, rasent jusqu'à ses fondations. Vous serez plongés dans le plus complet dénuement, au point de faire bouillir et de dévorer vos propres bébés ! »

C'est dans un temps de grande prospérité que le Seigneur enseigna à Jérémie ce langage effroyable envers Israël. À cette époque, tout allait pour le mieux. Comment croire que de telles catastrophes puissent se produire ? Aussi, quand Jérémie prophétisa, le peuple s'esclaffa, se moqua de lui et le ridiculisa. Personne ne voulait écouter ce message. Au bout d'un certain temps, le prophète lui-même fut las de le prêcher. Mais Jérémie ne discourait pas que de la colère ardente et du jugement de Dieu. Cet homme était également un prédicateur puissant de l'amour et de la clémence de Dieu. Il dit :

« *Car je te rétablirai, je te guérirai de tes plaies. – Oracle de l'Éternel. Puisqu'ils t'appellent la bannie – c'est Sion – celle que nul ne recherche. Ainsi parle l'Éternel : Voici, je fais revenir les captifs des tentes de Jacob, j'ai compassion de ses demeures ; la ville sera rebâtie sur ses ruines, le donjon sera rétabli au lieu qui lui revient de droit. Du milieu d'eux s'élévera la louange, et la voix de ceux qui s'égaient ; je les multiplierai, et ils ne diminueront pas ; je les glorifierai, et ils ne seront pas amoindris. Ses fils seront comme autrefois, sa communauté se maintiendra devant moi, et j'interviendrai contre tous ses oppresseurs. Son chef sera issu de son sein, son dominateur sortira du milieu de lui ; je le ferai approcher, et il s'avancera vers moi ; car quel est celui qui engagerait son propre cœur pour s'approcher de moi ? – Oracle de l'Éternel. Vous serez mon peuple, et je serai votre Dieu* » (Jérémie 30 : 17-22).

Jérémie parlait toujours de restauration, de santé, de guérison, de reconstruction. Et ces aspects-là qu'il prophétisait révélaient le cœur de Dieu envers les siens. Le Seigneur s'exprimait au travers de cet homme : « *De même que j'ai fait venir sur ce peuple tout ce grand malheur, de même je ferai venir sur eux tout le bien dont je parle à leur sujet* » (Jérémie 32 : 42). Non, Jérémie n'était pas seulement un prêcheur de jugement. Il était, tout autant, celui de la grâce : « Tout aussi sûrement que j'annonce sur vous la répression, je proclame que la volonté de se repentir produit l'intégrité, l'indulgence et la miséricorde de Dieu ».

Ce n'est pas ici le langage d'un homme qui, sa vie entière, se serait répandu en lamentations et en gémissements. Oui, Jérémie a proféré à haute voix ses menaces ; il n'a jamais dissimulé que le message central était la haine brûlante de Dieu pour le péché. Mais Jérémie n'était pas obnubilé par cette pensée. Aucun homme n'aurait pu apporter de telles promesses inébranlables de défense, de magnanimité et de bienveillance, sans avoir un cœur joyeux, plein de paix et en repos.

Quel est mon objectif, ici ?

Nous devons écouter attentivement les avertissements des sentinelles, mais ils ne doivent pas nous obséder.

Les messages prophétiques doivent nous alerter et nous prévenir, et il nous appartient d'observer chacun de ceux qui sont inscrits et confirmés dans l'Écriture. Il faut assimiler toute la connaissance possible, concernant la prochaine vague, afin de préparer nos cœurs en vue de la destruction qu'elle apporte. Mais nous ne devons pas laisser la crainte ou l'inquiétude consumer nos pensées, dominer nos esprits, s'emparer de nos âmes! Les ténèbres s'appesantiront certainement et le jugement est à la porte. Mais, en tant que peuple de Dieu, nous ne laisserons aucun nuage sombre voiler la lumière de ses immenses promesses d'amour et de longanimité. Nous devons être bien informés par la Parole et les prophètes du Seigneur – mais nous ne devons pas nous polariser sur la connaissance prophétique au point qu'elle nous aliène.

Le diable aimerait que cela se produise. Il sait qu'il lui est impossible de vous obliger à douter de la Parole de Dieu, en ce qui concerne son verdict. Aussi voudrait-il vous pousser à une autre extrémité, par la hantise des dangers à venir. Il essayera de bannir tout espoir, en vous démoralisant par de sombres pressentiments. Il vous convaincra de l'utilité de sonder les prophéties, pour augurer de l'avenir. Mais, en réalité, il veut faire de vous des drogués, des toxicomanes de l'angoisse. Il veut que vous soyez fascinés par des sujets tels que Harmaguédon, l'antichrist et la marque de la bête, au point que vous tergiversiez inlassablement dans les affres : « Est-ce que je devrai accepter la marque pour survivre ? Est-ce que je pourrai acheter ou vendre sans elle ? ».

L'apôtre Paul nous rassure, à ce sujet : « *Au reste, frères, que tout ce qui est vrai, tout ce qui est honorable, tout ce qui est juste, tout ce qui est pur, tout ce qui est aimable, tout ce qui mérite l'approbation, ce qui est vertueux et digne de louange, soit l'objet de vos pensées* » (Philippiens 4 : 8). Autrement dit : « Vous avez reçu les avertissements.

Maintenant, contentez-vous d'être prudents, gardant en mémoire la Parole de Dieu et celle de ses sentinelles. Et, surtout, fixez vos pensées sur Jésus et sur sa bonté ».

J'ai loyalement averti du désastre économique mondial imminent et nous le voyons déjà se produire autour du globe. J'ai prévenu que les chrétiens allaient souffrir – il faut s'attendre à de lourdes pertes et à d'irrépressibles problèmes – et, en ce moment, de précieux élus disséminés sur la planète subissent d'indescriptibles tribulations.

Pourtant, rien de tout cela ne monopolise mes énergies ni mon ministère. Non, l'expression la plus profonde de mon âme est de proclamer l'amour de Dieu le Père et la tendresse de notre Sauveur Jésus !

Je sais que le marché des actions va s'essouffler. Je sais que le style de vie américain et celui de toutes les nations prospères sont sur le point de changer de manière permanente. Je sais que tout va vaciller et s'effondrer. Mais je ne me lève pas le matin en m'interrogeant : « Qu'allons-nous manger ? Quels vêtements porterons-nous ? Qu'en sera-t-il de la chaleur, de la lumière, de la sécurité ? » Jésus nous dissuade d'agir ainsi. Aussi la nuit, quand je vais au lit, je dors comme un bébé. Je sais que je ne suis pas Dieu, et que lui seul contrôle ces éléments. Je fais simplement comme le prophète Ésaïe, qui mettait son esprit au repos, et toute sa confiance dans son Seigneur : « *À celui qui est ferme dans ses dispositions, tu assures la paix, la paix, parce qu'il se confie en toi* » (Ésaïe 26 : 3).

Je ne me suis jamais considéré comme un prophète, et je ne serais même pas digne d'être le serviteur d'Ésaïe, ce saint. Mais j'ai pourtant quelques notions de ce que cet homme a dû ressentir. Il avait d'excellentes raisons de déprimer et de se désoler – parce que le peuple auquel il prêchait ne se repentait pas à l'annonce du décret divin. Même quand Dieu leur ôta l'opulence, et que tout se mit à tanguer et à crouler, ils ne changèrent toujours pas de voie. Au contraire, leurs cœurs s'endurcirent davantage. Aussi, quand Ésaïe vit Dieu leur accorder une seconde chance – en répandant sa faveur sur Israël, malgré ses avertissements – il l'assimila à un dernier appel à la nation somnolente, afin qu'elle se réveille. Ésaïe stigmatisait ce peuple, qui était juste par le passé mais qui, maintenant, dans sa méchanceté, repoussait la générosité de Dieu, sa bénédiction et ses bienfaits : « *Si l'on fait grâce au méchant, il n'apprend pas la justice, il se livre au mal dans le pays de la droiture et il n'a pas égard à la majesté de l'Éternel* » (Ésaïe 26 : 10). Après une analyse sans concession de la situation, il conclut : « Comment Dieu les convaincra-t-il ? Ils ne réagissent ni aux famines, ni aux plaies, ni à la peste. Ils refusent de reconnaître qu'elles sont envoyées par le Seigneur. Ils prétendent que ce n'est qu'un hasard. Et, lorsque Dieu les fait croître, chacun d'entre eux aussitôt exulte : "Regardez ce que j'ai accompli, de mes propres mains !" »

Nous déplorons cette attitude, généralisée, aujourd'hui. Nous avons vu bien des contrées endeuillées par des tempêtes, des raz-de-marée, des typhons, des tremblements de terre, des famines, des épidémies, autant de méthodes par lesquelles Dieu a tenté de retenir leur attention. Mais il n'y a toujours pas, en réponse, de mouvement vers le Seigneur. Ici en Amérique, nous avons été témoins de sept ans d'inimaginable bien-être, alors que Dieu nous appelle une dernière fois à pratiquer la justice et à revenir à lui. Mais c'est en vain !

Néanmoins, Ésaïe n'a jamais perdu espoir, pour Israël. Du sein même du jugement, il s'exclamait : « …*l'Éternel des armées règne sur la montagne de Sion et à Jérusalem. La Gloire sera en face de ses anciens* » (Ésaïe 24 : 23). C'était un cri de joie : « Dieu est toujours aux commandes ! ». Et le Seigneur est toujours aux commandes, maintenant. Nous ne devrions pas attacher d'importance à ce que nous voyons ou entendons dans les médias. Nous devons savoir au fond de nos cœurs que Dieu règne glorieusement en Sion. Il est assis sur son trône comme un monarque dominant les flots !

Ésaïe savait que, quand la faveur et la richesse disparaîtraient, pour réveiller le peuple à la justice, Dieu prononcerait de sévères sentences. Et ses fléaux surpasseraient de très loin tout ce qu'on avait vu jusque là, et chacun saurait que Dieu était derrière tout cela : « *Car, lorsque tes jugements s'exercent sur la terre, les habitants du monde apprennent ta justice* » (Ésaïe 26 : 9).

J'ai lu une citation invraisemblable de la part d'un producteur d'Hollywood, qui a la réputation de courir sans vergogne les fêtes où prolifèrent la drogue, l'alcool et le sexe : « On est parvenu à un tel degré de débauche, aujourd'hui, que le châtiment divin doit intervenir. » Cet homme est un ivrogne invétéré – mais voilà que Dieu l'emploie pour dénoncer la folie du monde. Même les païens s'écrient : « Tout est devenu si décousu, à l'heure actuelle, que la justice immanente doit tomber du ciel ! »

Quand le jugement descendra sur l'humanité mauvaise, quelles justices faudra-t-il pratiquer ?

Au temps où les redoutables jugements tombaient sur la nation, alentour, Ésaïe certifiait posséder une double portion de paix. Des perspectives tout aussi merveilleuses sont disponibles à présent pour ceux qui ont confiance en Dieu et dont l'esprit se repose dans le Seigneur.

Dans les douze chapitres précédents, Ésaïe annonçait d'horribles désastres imminents à un certain nombre de pays, y compris Juda et Jérusalem. Dans l'une de ses prophéties, il pronostiquait l'effondrement de la plus grande puissance du monde d'alors : Babylone. À cette époque, cela paraissait extravagant. Babylone semblait trop riche, trop solide, trop florissante pour succomber. Chacun s'interrogeait : « Comment cette superpuissance tomberait-elle en ruines et serait-elle foulée aux pieds comme Ésaïe le prétend ? » Ésaïe prédisait une réaction en chaîne parmi les nations. D'abord, Moab devait être jugée, puis Tyr et Damas. Après quoi, ce serait le tour de l'Égypte, suivie de l'Arabie et de Tarsis. Puis Israël, Juda et Jérusalem. Et, finalement, Babylone serait détruite. Dieu allait secouer la terre entière, exactement comme il le décrivait – et, avant que tout soit terminé, tous ses habitants seraient dans le deuil. Par les yeux de l'esprit, Ésaïe voyait ce qui allait arriver.

Vous pourriez supposer qu'un être, confronté à la vision de ce futur calamiteux, se désespère et se trouve même dans l'incapacité de poursuivre son ministère. Ésaïe a certainement été accablé par ce qu'il a vu. Mais l'Écriture atteste que, dans cette affliction même, le prophète affichait une parfaite sérénité. Or donc, comment possédait-il un tel havre de paix ? Le prophète énonce deux raisons :

1) Les décisions, en suspens, étaient sur le point de frapper, quand il s'est retiré auprès de Dieu dans la prière, ainsi qu'il est écrit : « *Sur le sentier de tes jugements, t'appeler et t'invoquer, tel est le désir de l'âme* » (Ésaïe 26 : 8). Ésaïe était prêt à tout – parce qu'il se tenait à genoux, comptant sur le Seigneur !

Et vous, qu'attendez-vous ? Attendez-vous de savoir si vous allez survivre ou non à ce nouveau déluge ? Attendez-vous anxieusement, de peur de perdre votre emploi, votre habitat, vos économies ? Ou bien vous attendez-vous au Seigneur, comme le faisait Ésaïe ? Si vous comptez sur notre Père céleste, alors vous recevrez la force, parce que votre esprit s'appuiera sur lui. Il vous révèle sa puissance dans le lieu secret de la prière. Il vous encourage à croire que vous traverserez cette épreuve ! En vérité, aucun d'entre nous ne peut espérer se faire lui-même une place au soleil de la foi. Même une volonté de fer ne peut pas, à elle seule, produire la foi en Dieu. Parce que la foi et la confiance sont les fruits d'une intime recherche du Seigneur. C'est un cadeau, accordé à ceux qui ont faim et soif de Jésus, qui soupirent ardemment après sa présence continuelle dans leurs vies. De l'avis d'un auteur engagé, chercher le Seigneur dans la prière n'a rien de facultatif – ce n'est pas une option, pour des croyants. Il écrit : « Une personne qui néglige la prière n'est pas sauvée. Elle est athée. » En d'autres termes : « Qu'importe l'homme ou la femme qui prétend connaître le Christ ! L'individu, qui néglige la prière personnelle, n'est même pas un chrétien. »

Mais Ésaïe était un homme de prière. Et, parce qu'il passait du temps en présence du Seigneur, il pouvait dire avec confiance : « Je constate les punitions épouvantables et les terribles chocs que supportent les nations. Je tremble à la vue de tant de souffrances, et des multitudes accablées par la crainte. Mais il y a pire encore, à venir; et c'est quasiment indicible. Pourtant, ces visions ne me tourmentent pas. Rien ne peut m'ôter la parfaite paix que je goûte dans le Seigneur. Au milieu du tumulte, je m'attends à lui, je me cache en lui. Et plus je passe de temps avec lui, plus je me remémore sa fidélité et les prodiges qu'il a opérés par le passé. C'est pourquoi je ne suis pas anéanti à la pensée de tous ces terribles jugements. Mon esprit s'investit totalement dans la magnificence de mon Dieu. »

Ce n'est pas la volonté de Dieu que ses enfants affrontent les temps difficiles avec crainte et tremblement.

Le Seigneur ne désire pas que ces prophéties et ces avertissements nous traumatisent ou nous angoissent. Voici plutôt le fond de la pensée de Jésus, exprimé très simplement : *« Je vous laisse la paix, je vous donne ma paix. Moi, je ne donne pas comme le monde donne. Que votre cœur ne se trouble pas et ne s'alarme pas »* (Jean 14 : 27).

Dans l'évangile selon Matthieu, Jésus lui-même a prophétisé les prochains événements, ceux qui semblaient les plus épouvantables. Il a parlé de guerres, d'épidémies et de tremblements de terre en divers endroits. Il a aussi averti ses auditeurs : *« Vous serez maltraités, certains même seront mis à mort. L'iniquité abondera. De faux prophètes et de faux christs surgiront, et ils en séduiront beaucoup »*.

Même de nos jours, on compte une prolifération de "prophètes oreiller" : des hommes qui ont un effet soporifique, quand ils prêchent : « C'est l'année du jubilé, et Dieu veut rembourser tous vos crédits et vos emprunts. Détendez-vous! Ne vous tracassez pas, parce que – l'an écoulé – vous n'aurez plus un seul découvert ». Je me demande ce que leurs malheureux disciples feront, à l'échéance, quand leurs créances se seront empilées plus haut que jamais. Ce jubilé-là n'est pas un aimable rachat de nos dettes. Il traite du pouvoir de rachat du Christ, qui nous libère de la dette du péché – mais pas de celles contractées lors d'achats par correspondance ou par internet.

Plus loin, dans l'évangile selon Matthieu, Jésus expose ses raisons de nous avertir de ces conjonctures catastrophiques : « *Je vous dis ces choses avant qu'elles n'arrivent, afin que vous croyiez en moi quand elles surviendront* ». Son but n'est pas de nous charger du poids de l'appréhension, ni de nous inciter à la sainteté en nous effrayant. Il veut simplement nous épargner l'effet de surprise, quand l'épouvantable tempête écumera.

Il ne veut pas que notre foi fasse naufrage, lorsque nous serons soudain confrontés à d'inimaginables souffrances. Surtout, il veut nous enseigner que, bien au-dessus de toutes ces épouvantes, il existe un Seigneur, un Dieu qui nous aime assez pour nous prévenir et nous protéger de tout !

Quand Ésaïe a alerté le peuple de ce que la rétribution venait, il n'attendait pas que les signes précurseurs des temps difficiles apparaissent. Il regardait bien au delà à une magnifique vision que Dieu lui avait donnée. Ésaïe avait vu son Seigneur sécher les pleurs de ses enfants, ôter leurs fardeaux et les délivrer de toute culpabilité, de la peur et de la honte : « *En ce jour l'on dira : "Voici notre Dieu. C'est en lui que nous avons espéré et c'est lui qui nous a sauvés ; c'est l'Éternel, en qui nous avons espéré ; soyons dans l'allégresse, et réjouissons-nous de son salut !..." Il anéantit la mort pour toujours. Le Seigneur, l'Éternel, essuie les larmes de tous les visages, il fait disparaître de toute la terre le déshonneur de son peuple ; car l'Éternel a parlé* » (Ésaïe 25 : 9, 8).

Voici la deuxième raison, pour laquelle Ésaïe conservait sa paix :

2) Il avait un message prophétique pour les croyants de tous les temps. Ésaïe *nous* parle, dans ce passage : « Vous, qui vivez les derniers jours, pouvez recevoir une double portion de paix : placez simplement votre foi en Jésus-Christ, votre Rocher ! ».

« *À celui qui est ferme dans ses dispositions, tu assures la paix, la paix, parce qu'il se confie en toi. Confiez-vous en l'Éternel pour toujours, car l'Éternel, l'Éternel est le rocher des siècles* » (en hébreu : « *le rocher des âges* ») (Ésaïe 26 : 3-4).

« *Voici le Dieu de mon salut. J'aurai confiance et je n'aurai pas peur ; car l'Éternel, l'Éternel est ma force et mon chant, il est devenu mon salut* » (Ésaïe 12 : 2).

Il existe un repos glorieux pour ceux qui croient aux promesses du Seigneur.

Voilà plusieurs mois maintenant que, tout en méditant et sondant les Écritures, je supplie le Seigneur de me donner un message d'espoir et d'encouragement pour les siens.

Dans cette optique, j'ai étudié à fond les Psaumes, notant chaque promesse de protection et de sauvegarde divines dont je pouvais m'emparer. De fil en aiguille, j'en ai découvert d'autres, dans les prophètes, le Deutéronome, en Néhémie, partout où s'inscrivait une protestation de soutien destinée au peuple de Dieu. (Vous en trouverez quelques-unes à la fin de ce livre). Toutes celles que j'ai explorées confortaient et édifiaient effectivement ma foi. Pourtant, mon esprit implorait toujours : « Oh ! Seigneur ! S'il te plaît, place sur mon cœur un enseignement pour tes enfants. Comme Pierre l'a dit : *"Toi seul a les paroles de la vie éternelle"*. Et toi seul peut nous apporter un mot de réconfort, en ce moment ».

Un jour, l'Esprit Saint répondit à ma prière. Il grava ces mots dans mon cœur : « Je vais te donner une promesse particulière, issue de ma Parole. Et si vous investissez en elle votre vie même, elle vous protégera, quel que soit le danger ». Je sais que si nous nous approprions ce verset, en croyant fermement en lui, il sera notre puissante source quotidienne de foi.

Voici ce que l'Esprit m'a montré : « *…votre Père sait de quoi vous avez besoin, avant que vous le lui demandiez* » (Matthieu 6 : 8). En Luc 12, Jésus énumère tout ce dont notre Père céleste sait que nous avons besoin. En résumé, ces impératifs consistent en nourriture, boisson et habillement : « *C'est pourquoi je vous dis : ne vous inquiétez pas pour votre vie de ce que vous mangerez, ni pour votre corps de quoi vous serez vêtus… Si Dieu revêt ainsi l'herbe qui existe aujourd'hui* dans les champs et qui demain sera jetée au four, ne le fera-t-il pas, à plus forte raison, pour vous, gens de peu de foi ? » (Luc 12 : 22, 28). Le verbe « revêtir » signifie ici « abriter ». Jésus dit : « Jetez un coup d'œil à l'herbe qui est dans votre jardin. Elle est drue et verte, aujourd'hui, mais demain vous la faucherez et vous la mettrez en tas. N'empêche que j'accorde à cette herbe la vie, la vigueur et tous mes soins aussi longtemps qu'elle est là. Ne pensez-vous pas que j'agirai, à votre égard, mieux que je ne le fais pour des bottes de paille ? Ne comprenez-vous pas que je connais parfaitement les exigences de votre corps, qu'il s'agisse des aliments ou du vêtement ? Ne voyez-vous pas que vous avez infiniment plus d'importance, pour moi, que n'importe quoi d'autre sur cette terre ? ».

Jésus ajoute : « *Car tout cela, ce sont les païens du monde qui le recherche. Votre Père sait que vous en avez besoin* » (Luc 12 : 30). Le Christ nous rappelle : « Tout ce que vous devez savoir, c'est que votre Père céleste connaît vos besoins. Il les a déjà dénombrés ».

Mais, quand Jésus conseille : « *Ne vous inquiétez pas, pour votre vie, de ce que vous mangerez* », il ne nous dissuade de nous organiser pour l'avenir. La tournure grecque serait plutôt : « Ne vous laissez pas distraire. Ne soyez pas tourmentés à ce sujet. Ne le laissez pas devenir une obsession ». Ces nécessités ne doivent pas nous préoccuper. Jésus promet : « *Cherchez plutôt son royaume* (celui de Dieu) *; et cela vous sera donné par surcroît. Sois sans crainte, petit troupeau… * » (Luc 12 : 31-32). Le mot grec pour « surcroît » ici veut dire « les mesures prises, outre celles promises ». Si nous lui faisons simplement confiance, notre Seigneur nous bénira en nous octroyant plus que ce dont nous avons besoin.

Quand les Israélites étaient dans le désert, ils murmuraient contre le Seigneur : « Tu as conduit nos enfants ici, afin qu'ils meurent ». Mais Dieu leur répondit : « Non – vous mourrez dans le désert, à cause de votre incrédulité. Mais je sauverai vos enfants! »

Si vous êtes en souci du bien être de votre famille, j'ai une bonne nouvelle pour vous : vos enfants sont les enfants de Dieu. Et il s'inquiète davantage, de ceux que nous aimons, que nous ne le faisons nous-mêmes ! Il sait exactement quelles sont vos légitimes revendications. Il sait qu'il est indispensable que vous ayez un toit au-dessus de votre tête – et il connaît exactement le montant de votre loyer ou des intérêts mensuels de votre crédit. Il sait combien vous avez de bouches à nourrir, et la capacité de votre réfrigérateur. Vous pouvez lui faire entièrement confiance, parce qu'il vous le promet !

Paul écrit : « *Mon Dieu pourvoira à tous vos besoins selon sa richesse, avec gloire, en Jésus-Christ* » (Philippiens 4 : 19). Le verbe « pourvoir » ici, tel qu'utilisé dans le grec, signifie « regorger de bonnes choses ». C'est en accord avec cette promesse de Dieu : « *Celui qui, par la puissance qui agit en nous, peut faire infiniment au delà de tout ce que nous demandons ou pensons* » (Éphésiens 3 : 20).

Il est tragique de penser que beaucoup vont devenir amers, dans les prochains jours, parce que Dieu ne répondra pas à leurs prières en préservant leur fortune. Ce sont des gens qui n'ont jamais connu la souffrance, et ils penseront que Dieu les a abandonnés.

Mais le Seigneur s'adresse, aux riches comme aux pauvres, sans faire de distinction : « Cherchez-moi d'abord ! Oubliez vos biens matériels. Approchez-vous dans la solitude, sondez ma Parole, recherchez ma face. Puis entrez dans ma maison et goûtez la merveilleuse fraternité si profondément gratifiante que j'ai préparée à votre intention. Je prendrai soin de toutes ces choses, au sujet desquelles vous vous inquiétez. Je vous donnerai tout ce qu'il vous faut ! »

Il y a une leçon que chaque croyant doit apprendre et mettre en pratique.

En ce moment, la conjoncture internationale fluctue si vite que personne ne peut suivre. Alors même que j'écris ces mots, le marché des actions américain a perdu des milliards de dollars en l'espace de six semaines. Les implications sont trop profondes et complexes pour être débattues. En réalité, nul ne comprend ce qui se passe. Et je serai parfaitement honnête : quand j'observe ces événements terrifiants, j'ai la chair de poule. Je voudrais ne pas voir de telles de choses se produire. Pourtant, voici notre leçon finale – et ma foi est ancrée dans cette certitude : mon Père céleste me connaît, il sait exactement de quoi j'ai besoin, et quand j'en ai besoin, et le fait même qu'il le sache est une preuve suffisante de ce que je suis pour toujours sous sa garde.

Daniel dit, à propos du Seigneur : « *Il connaît ce qui est dans les ténèbres, et la lumière demeure en lui* » (Daniel 2 : 22). Dieu n'ignore rien des sombres jours à venir. Mais il sait qu'une profonde obscurité ne peut pas nous cacher sa face. Et c'est uniquement en lui, que nous trouverons notre chemin défriché, même dans la plus impénétrable nuit. Il nous appelle, aujourd'hui, à placer une confiance simple et enfantine dans sa fidélité.

Il pourvoira à chaque aspiration de ses enfants bien-aimés !

ÉPILOGUE

Au cours d'un séminaire, un pasteur s'est approché de moi, l'air perplexe : « J'ai lu votre livre, *America's Last Call,* et je suis troublé. Si ce que vous dites d'une crise imminente est vrai, alors, que suis-je censé faire du projet d'édification de ma nouvelle Église ? Nous venons juste de commencer la construction sur une base de plusieurs millions de dollars. Si l'économie est sur le point de sombrer dans une dépression, comme vous l'affirmez, jusqu'où mener à bien notre plan ? Pensez-vous que nous devrions tout arrêter, tout de suite, et laisser tomber ? »

J'entends de semblables questions de la part d'hommes d'affaires, d'investisseurs et de jeunes entrepreneurs : « L'inquiétude générale va croissant et les firmes licencient. Alors, que devons-nous faire ? Vaut-il mieux fermer boutique, opter pour une position de repli ? En procédant sous l'empire de la crainte, ou même dans l'expectative, que restera-t-il ? »

Voici ma réponse aux interrogations de cette sorte : si le Seigneur vous dit de progresser dans un projet, faites-le ! S'il vous dit de lancer un programme de construction, ou de faire un investissement, de développer ou d'intensifier votre activité, faites-le ! Dans quelque voie que le Saint-Esprit dirige, Dieu lui-même agira.

Jésus nous a enseigné : « *Faites-les valoir, jusqu'à ce que je revienne* » (Luc 19 : 13). Le mot grec pour l'expression « faire valoir » signifie « rentabiliser, commercer ». La Parole de notre Seigneur nous apprend explicitement à travailler pendant qu'il fait encore jour, afin de couvrir tous nos frais et de ne pas redouter l'inconnu. Et, tandis que nous travaillons, nous devons le chercher de tout notre cœur, de tout notre esprit et de toute notre force ; prier avec foi, lui demander de nous guider ; et croire que l'Esprit Saint s'adressera à notre

« homme intérieur » en disant : « *C'est ici le chemin, marchez-y!* » (NDLT : voir Ésaïe 30 : 21).

L'évangéliste Aimée Simple MacPherson a bâti le temple de Los Angeles au milieu de la Grande Dépression des années 30. De nombreuses autres églises ont été construites, elles aussi, au cours de cette même période. Et de jeunes chefs d'entreprises ont alors démarré de nouvelles sociétés. À cette époque, l'Esprit Saint a usé de diverses méthodes créatrices, pour aider les hommes et les femmes de prière. Aujourd'hui, nous qui nous réclamons du nom de notre Sauveur devons relever le défi et ne pas demeurer paralysés par la peur sous quelque forme que ce soit. Nous devons chercher sa direction, acquérir son caractère et avancer dans la foi.

Dans ce livre, j'ai écrit que nous, les chrétiens, devons mettre toute notre confiance dans le Seigneur, alors que nous allons faire face à l'adversité. Déjà, au sein des nations qui sont enfoncées profondément dans la dépression, les croyants voient Dieu se manifester en tant que *Jehovah-Jiré*, leur merveilleux dispensateur. Le Seigneur pourvoit largement, et il opère des miracles extraordinaires, pour ceux qui lui font crédit au milieu de ce chaos.

J'ai aussi écrit qu'à mon avis les chrétiens, en Amérique, doivent se préparer judicieusement au marasme. Ce qui signifie qu'il n'est pas impossible de devoir stocker de la nourriture – si l'Esprit de Dieu nous y incite, et à condition que notre assurance ne repose pas sur ces dispositions. Ce conseil est particulièrement approprié en cas d'un toujours possible sinistre informatique. Nul ne peut exactement augurer des conséquences. Je crois, personnellement, que ces perturbations ne seront pas forcément aussi désastreuses que certains le prévoient ; cependant, dans les années à venir, la situation pourrait devenir critique parce que les problèmes se répercuteront à l'échelle globale. Les pannes, au niveau de l'ordinateur principal, pourraient survenir en l'an 2000 puis en 2004 et 2006, et d'autres suivraient. (NDLT : David Wilkerson a écrit ce livre en 1998). Ce qui entraînerait une quasi désintégration et l'obligation de faire appel à un *leader* mondial, une sorte de tsar, pour restaurer la stabilité financière. Si ce genre de scénario se réalise, ce sont les grandes villes, qui seront le plus durement frappées – y compris New York. Si les ordinateurs du gouvernement des États-Unis viennent à défaillir, et si les contrôles et les prestations de la Sécurité sociale sont différés, des émeutes éclateront durant des semaines.

Quand cela se produira, nous serons témoins des mille feux brûlant à travers New York, que j'avais annoncés il y a plusieurs années. Les chauffeurs routiers, conduisant des camions de livraison, refuseront de traverser Hudson River pour ravitailler la ville, de crainte d'être pris dans la mêlée et d'y laisser leur vie. Alors, d'interminables convois de poids lourds s'aligneront partout dans le New Jersey.

À la lumière de ce que nous voyons venir sur New York, les pasteurs et les anciens de l'église de *Times Square* ont développé un plan de survie, permettant de distribuer deux mois de rations aux membres de notre congrégation, au centre ville. Nous voulons que les nôtres se préparent au pire et prient pour le meilleur. Notre programme dispense des instructions précises sur les quantités de nourriture, d'eau et de fournitures essentielles à garder sous la main pour survivre à une phase critique de soixante jours. Nous conseillons également aux membres de notre assemblée de conserver autant d'argent liquide que possible en lieu sûr dans leurs maisons. Le Président de la Réserve Fédérale a signalé que les distributeurs automatiques de billets de banque peuvent se trouver à court.

À ceux qui veulent savoir où placer leurs économies et d'autres fonds d'investissements, je peux seulement dire ceci : j'ai prié à ce sujet concernant mes fonds de retraite. J'ai appris que les personnes, âgées d'au moins cinquante neuf ans et six mois, ont la possibilité de récupérer le capital en n'encourant qu'une faible pénalité. J'ai récemment retiré mon argent d'un fonds commun de placements mutualiste et je l'ai placé dans des bons du Trésor U.S. à cinq ans. Si vous souhaitez faire la même chose, n'importe quelle agence bancaire peut vous assister dans l'acquisition de telles obligations.

Attention! Notez bien que j'ai agi ainsi en suivant mon propre conseil à tous les lecteurs de cet ouvrage : j'ai reçu ma direction du Seigneur, en le cherchant diligemment. Je me suis tenu en sa présence, patiemment, jusqu'à ce que j'aie entendu, venant de lui, la voix de ma conscience m'indiquant ce que je devais faire. J'insiste pour que vous agissiez de même. Le Seigneur peut vous inspirer des précautions spécifiques, très différentes des miennes.

Si nous paniquons au sujet de nos finances ou de nos investissements personnels, nous affligerons profondément notre Père céleste. Notre désarroi traduit une attitude foncièrement craintive, laquelle trahit nos doutes quant à sa capacité à prendre réellement soin de nous. Or il est important pour nous, maintenant plus que jamais, de confier notre avenir et nos familles à ses mains bienveillantes.

Je peux vous assurer que les membres de l'église de *Times Square* n'ont pas peur. Le Seigneur nous a bien prévenus de la prochaine tourmente. Pourtant, nous persistons à nous réjouir, dans sa volonté fidèle de nous voir tout surmonter. Il n'y a pas l'ombre d'une crainte, au milieu de nous. En fait, nous sommes ravis à l'idée que, bientôt, nous pourrons tenir des réunions chaque soir de la semaine, parce que nous rencontrerons des foules de gens errant dans les rues et cherchant de l'espoir au milieu du chaos. Nous prions Dieu, à cette occasion, de nous bénir par la conversion de centaines de ces « nouveaux venus ».

Que Dieu nous aide tous à nous reposer sur ses promesses glorieuses!

PAROLES DE VIE
POUR LES TEMPS DIFFICILES

PSAUME 9 : 9-11

C'est lui (l'Éternel) qui gouverne le monde avec justice, qui juge les peuples avec droiture. Que l'Éternel soit une forteresse pour l'opprimé, une forteresse pour les temps de détresse. Ceux qui connaissent ton nom se confient en toi, car tu n'abandonnes pas ceux qui te cherchent, Éternel !

PSAUME 12 : 6-8

Parce que les malheureux sont opprimés et que les pauvres gémissent, maintenant, dit l'Éternel, je me lève, j'apporte le salut à ceux contre qui l'on souffle. Les paroles de l'Éternel sont des paroles pures ; un argent éprouvé au creuset de la terre, et sept fois épuré. Toi, Éternel, tu les garderas, tu nous préserveras de cette race à jamais.

PSAUME 16 : 7-9

Je bénis l'Éternel qui me conseille ; la nuit même mon cœur m'exhorte. Je contemple l'Éternel constamment devant moi, quand il est à ma droite, je ne chancelle pas. Aussi mon cœur est dans la joie, mon esprit dans l'allégresse, même mon corps repose en sécurité.

PSAUME 17 : 7-8

Toi qui sauves ceux qui cherchent un refuge, montre les merveilles de tes bienfaits, par ta droite contre les assaillants. Garde-moi comme la prunelle de l'œil, cache-moi à l'ombre de tes ailes.

PSAUME 18 : 20

Il m'a fait sortir pour me mettre à l'aise, il m'a retiré car il m'a pris en affection.

PSAUME 20 : 7-10

Je reconnais, maintenant, que l'Éternel sauve son messie ; il lui répondra de son sanctuaire céleste par le secours puissant de sa droite. Les uns, c'est à leurs chars, les autres, c'est à leurs chevaux, mais nous, c'est au nom de l'Éternel, notre Dieu, que nous faisons appel. Eux, ils plient et ils tombent ; mais nous, nous sommes debout et nous tenons ferme. Éternel, sauve le roi ! Qu'il nous réponde, quand nous l'invoquons !

PSAUME 22 : 5-6

En toi se confiaient nos pères ; ils se confiaient, et tu les délivrais. Ils criaient à toi et ils échappaient ; ils se confiaient en toi et ils n'étaient pas dans la honte.

PSAUME 27 : 5

Car il me protégera dans son tabernacle au jour du malheur, il me cachera sous l'abri de sa tente ; il m'élévera sur un rocher.

PSAUME 28 : 7-9

L'Éternel est ma force et mon bouclier ; en lui mon cœur se confie, et je suis secouru ; mon cœur exulte, et je le célèbre par mes chants. L'Éternel est une force pour eux, il est une forteresse pour le salut de son messie. Sauve ton peuple et bénis ton héritage ! Sois leur berger et leur soutien pour toujours !

PSAUME 31 : 8

Je serai dans l'allégresse et dans la joie par ta bienveillance, car tu vois mon malheur, tu connais les angoisses de mon âme.

PSAUME 32 : 6-8

Qu'ainsi tout fidèle te prie au temps convenable! Si de grandes eaux débordent, elles ne l'atteindront nullement. Tu es un abri pour moi, tu me gardes de la détresse, tu m'entoures de cris de délivrance. – Je t'instruirai et je te montrerai la voie que tu dois suivre ; je te conseillerai, j'aurai le regard sur toi.

PSAUME 34 : 7-11

Quand un malheureux crie, l'Éternel entend et le sauve de toutes ses détresses. L'ange de l'Éternel campe autour de ceux qui le craignent, et il les délivre. Goûtez et voyez combien l'Éternel est bon! Heureux l'homme qui se réfugie en lui! Craignez l'Éternel, vous ses saints! Car rien ne manque à ceux qui le craignent. Les lionceaux éprouvent la disette et la faim, mais ceux qui cherchent l'Éternel ne manquent d'aucun bien.

PSAUME 34 : 16

Les yeux de l'Éternel sont sur les justes, et ses oreilles sont attentives à leurs cris.

PSAUME 34 : 18

Quand les justes crient, l'Éternel entend, et il les arrache à toutes leurs détresses.

PSAUME 34 : 20

De nombreux malheurs atteignent le juste mais, de tous, l'Éternel le délivre.

PSAUME 34 : 22

L'Éternel libère l'âme de ses serviteurs, et tous ceux qui se réfugient en lui échapperont à la condamnation.

PSAUME 37 : 3

Confie-toi en l'Éternel et pratique le bien ; demeure dans le pays, et prends la fidélité pour pâture.

PSAUME 37 : 18-19

L'Éternel connaît les jours des hommes intègres, et leur héritage dure à jamais. Ils ne sont pas dans la honte au temps du malheur et, aux jours de la famine, ils sont rassasiés.

PSAUME 37 : 25

J'ai été jeune et j'ai vieilli, et je n'ai pas vu le juste abandonné, ni sa descendance mendiant son pain.

PSAUME 37 : 28

Car l'Éternel aime le droit, et il n'abandonne pas ses fidèles ; ils sont toujours sous sa garde, mais la descendance des méchants est retranchée.

PSAUME 46 : 2-4

Dieu est pour nous un refuge et un appui, un secours qui se trouve toujours dans la détresse. C'est pourquoi nous sommes sans crainte quand la terre est bouleversée, et que les montagnes chancellent au cœur des mers, quand leurs eaux grondent, écument, ébranlent les montagnes en se soulevant.

PSAUME 50 : 15

Invoque-moi au jour de la détresse ; je te délivrerai, et tu me glorifieras.

PSAUME 56 : 4-5

Le jour où je suis dans la crainte, en toi je me confie. De Dieu, je loue la parole ; en Dieu je me confie, je ne crains rien ; que peuvent me faire des hommes ?

PSAUME 56 : 12

En Dieu, je me confie, je ne crains rien ; que peuvent me faire des hommes ?

PSAUME 56 : 14

Car tu as délivré mon âme de la mort. Mes pieds n'ont-ils pas évité la chute, afin que je marche devant Dieu, dans la lumière des vivants ?

PSAUME 62 : 6-9

Oui, mon âme, fais silence devant Dieu ! Car de lui vient mon espérance. Oui, c'est lui mon rocher et mon salut, ma forteresse : je ne chancellerai pas. Sur Dieu reposent mon salut et ma gloire ; le rocher de ma force, mon refuge est en Dieu. Confiez-vous en lui en tout temps, peuple, épanchez vos cœurs en sa présence ! Dieu est notre refuge.

PSAUME 66 : 11-12

Tu nous avais amenés dans le filet, tu avais mis sur nos reins un pesant fardeau, tu avais fait chevaucher des hommes à notre tête, nous avions passé par le feu et par l'eau, mais tu nous en a fait sortir pour nous donner l'abondance.

PSAUME 66 : 20

Béni soit Dieu, qui n'a pas écarté ma prière, ni sa bienveillance loin de moi !

PSAUME 71 : 3

Sois pour moi un rocher qui me serve d'asile, tu m'as ordonné d'y venir sans cesse pour que je sois sauvé, car tu es mon roc et ma forteresse.

PSAUME 72 : 12-13

Car il délivrera le pauvre qui crie et le malheureux qui n'a point d'aide. Il aura pitié du faible et du pauvre, il sauvera la vie des pauvres.

PSAUME 78 : 72

Et il les a fait paître avec un cœur intègre et les a conduits avec des mains habiles.

PSAUME 84 : 8

Leur vigueur ne cesse de croître, ils se présenteront devant Dieu à Sion.

PSAUME 84 : 10

Toi qui es notre bouclier, vois, ô Dieu! Et regarde la face de ton messie!

PSAUME 84 : 12-13

Car l'Éternel Dieu est un soleil et un bouclier, l'Éternel donne la grâce et la gloire, il ne refuse pas le bonheur à ceux qui marchent dans l'intégrité. Éternel des armées! Heureux l'homme qui se confie en toi!

PSAUME 86 : 7

Au jour de ma détresse, je t'invoque, car tu me réponds.

PSAUME 94 : 14

Car l'Éternel ne délaisse pas son peuple, il n'abandonne pas son héritage.

PSAUME 94 : 22

Mais l'Éternel est ma forteresse, mon Dieu est le rocher de mon refuge.

PSAUME 97 : 10

Vous qui aimez l'Éternel, haïssez le mal! Il garde les âmes de ses fidèles, il les délivre de la main des méchants.

PSAUME 102 : 2-3

Éternel, écoute ma prière, et que mon cri parvienne jusqu'à toi! Ne me cache pas ta face au jour de ma détresse! Tends vers moi ton oreille, au jour où je crie! Hâte-toi de me répondre!

PSAUME 102 : 18

Il tourne la face vers la prière du misérable, il ne dédaigne pas sa prière.

PSAUME 103 : 13

Comme un père a compassion de ses fils, l'Éternel a compassion de ceux qui le craignent.

PSAUME 107 : 5-9

Ils souffraient de la faim et de la soif; leur âme était abattue. Dans leur détresse, ils crièrent à l'Éternel, et il les délivra de leurs angoisses. Il les conduisit par le droit chemin, pour qu'ils aillent vers une ville habitable. Qu'ils célèbrent l'Éternel pour sa bienveillance et pour ses merveilles en faveur des humains! Car il a rassasié l'âme avide, il a comblé de biens l'âme affamée.

PSAUME 107 : 20

Il envoya sa parole et les guérit, il les délivra de leurs infections.

PSAUME 116 : 6-8

L'Éternel garde les simples; j'étais affaibli et il m'a sauvé. Mon âme, retourne à ton repos, car l'Éternel t'a fait du bien. Oui, tu as délivré mon âme de la mort, mes yeux des larmes, mes pieds de la chute.

PSAUME 118 : 6

L'Éternel est pour moi, je ne crains rien ; que peuvent me faire des hommes ?

PSAUME 121 : 1-8

Je lève les yeux vers les montagnes. D'où me viendra le secours ? Le secours me vient de l'Éternel qui a fait les cieux et la terre. Il ne permettra pas que ton pied chancelle ; celui qui te garde ne sommeillera pas. Voici, il ne sommeille ni ne dort, celui qui garde Israël. L'Éternel est celui qui te garde. L'Éternel est ton ombre à ta main droite. Pendant le jour le soleil ne te frappera point, ni la lune pendant la nuit. L'Éternel te gardera de tout mal, il gardera ton âme ; l'Éternel gardera ton départ et ton arrivée, dès maintenant et à toujours.

PSAUME 125 : 1-2

Ceux qui se confient en l'Éternel sont comme la montagne de Sion, qui ne chancelle pas, Elle subsiste à toujours. Jérusalem est entourée de montagnes, ainsi l'Éternel entoure son peuple, dès maintenant et à toujours.

PSAUME 127 : 2

En vain vous levez-vous matin, vous couchez-vous tard, et mangez-vous le pain d'affliction ; il en donne autant à son bien-aimé pendant qu'il dort.

PSAUME 138 : 8

L'Éternel mène tout à bonne fin pour moi. Éternel, ta bienveillance dure à toujours, n'abandonne pas les œuvres de tes mains !

PSAUME 139 : 17

Que tes pensées, ô Dieu, me semblent impénétrables ! Que la somme en est grande !

PSAUME 141 : 1

Éternel, je t'invoque ; viens en hâte auprès de moi ! Prête l'oreille à ma voix, quand je t'invoque !

PSAUME 141 : 8

C'est vers toi, Éternel, Seigneur ! que se tournent mes yeux. C'est en toi que je me réfugie.

PSAUME 142 : 6-7

Éternel ! C'est à toi que je crie. Je dis : « Tu es mon refuge, mon partage sur la terre des vivants. » Sois attentif à mon cri ! Car je suis très affaibli. Délivre-moi de ceux qui me poursuivent, car ils sont plus forts que moi.

PSAUME 143 : 8-9

Fais-moi entendre dès le matin ta bienveillance, car je me confie en toi. Fais-moi connaître le chemin où je dois marcher ! Car j'élève à toi mon âme. Délivre-moi de mes ennemis, ô Éternel ! Je me cache auprès de toi.

PSAUME 144 : 1-2

Béni soit l'Éternel, mon rocher, qui exerce mes mains au combat, mes doigts à la bataille, mon bienfaiteur et ma forteresse, ma haute retraite et mon libérateur, mon bouclier auprès de qui je me réfugie, qui me soumet mon peuple !

PSAUME 145 : 15-16

Tous, avec espoir, tournent les yeux vers toi. C'est toi qui leur donnes leur nourriture en son temps. Tu ouvres ta main, et tu rassasies à souhait tout ce qui a vie.

PSAUME 145 : 20

L'Éternel garde tous ceux qui l'aiment, et détruit tous les méchants.

ORGANISATION DES SECOURS DANS L'ÉGLISE DE *TIMES SQUARE*

L'homme prudent voit le malheur et se cache,
mais les simples passent outre et en sont punis.

Proverbes 22 : 3

L'Esprit Saint a conduit notre Centre à établir quelques directives basiques, en vue de se préparer à une crise potentielle Y2K, ou à tous les problèmes économiques s'y rattachant et qui pourraient suivre. (NDLT : il s'agit d'un « technothriller » de Joseph Massucci – scénario intitulé : « Projet du Millénium », mêlant l'imaginaire à la crise potentiellement dévastatrice de l'industrie – basé sur le bogue d'ordinateur de Y2K. Article signé Howard Miller, *Huntsville Chronometer*, l'Auteur d'Arts). De telles contingences pourraient provoquer un défaut d'approvisionnement, des coupures totales d'électricité ou même probablement des émeutes. Nous sommes conscients de ce que – en tant qu'enfants de Dieu, remplis de confiance en ses promesses de pourvoir à leurs besoins en toutes circonstances – nous ne devons pas approcher de semblables hypothèses dans un esprit de crainte. Cependant, nous croyons que nous devons être prêts à réagir d'une manière qui soit pieuse, pratique, ainsi qu'un témoignage pour l'Évangile.

Les Écritures indiquent clairement que cette préparation, en cas d'urgence, ne nie pas la confiance en Dieu mais plutôt la renforce. Le verset des Proverbes, sus cité, en est un exemple. Un autre se trouve dans la Genèse : il décrit comment Dieu s'est servi de Joseph dans le but de stocker du grain, pour préserver tout aussi bien son propre peuple Israël que la nation d'Égypte, dans une cruelle épreuve. (NDLT : voir Genèse 41 : 15-57).

Nous savons que notre Père céleste peut intervenir, avec une identique libéralité, en faveur des siens, aujourd'hui. Notre conviction est que l'Esprit de Dieu nous a dirigés, pour produire les étapes initiales suivantes *seulement à titre de suggestion.* Elles ne sont donc destinées qu'à ceux qui croient, après avoir prié assidûment, que l'Esprit Saint les amène à prendre de telles précautions.

Une perspective de la crise

Comme précédemment mentionné, beaucoup d'experts prévoient que les systèmes informatiques essentiels – qui aident notre gouvernement à faire fonctionner et maintenir les infrastructures de notre nation – donneront des signes de faiblesse pour, ou avant, le jour de l'an 2000. D'autres pannes semblables sont prévues au cours des années 2004 et 2006. Leurs répercussions économiques peuvent mener à la fermeture des banques, à des faillites commerciales, à des dysfonctionnements des composants électroniques, à des interruptions dans les transports, à des ruptures de stocks dans les supermarchés, à la déficience des services de secours et à la recrudescence des activités criminelles, d'où un sentiment accablant de désespoir dans notre société. Nous croyons qu'il est temps de prendre en compte cette situation et, comme les cinq vierges sages dans la parabole de Jésus, les dispositions adéquates en vue du « milieu de la nuit ». Les trois domaines visés en priorité seront l'abri, la sécurité de la famille et les provisions de bouche (les provisions de bouche constitueront l'un des points les plus délicats).

Habituellement, on dispose du minimum vital, entre deux passages dans les grandes surfaces. Mais leurs réserves seraient rapidement épuisées, en cas de désordre majeur au niveau des arrivages. Ces insuffisances ayant pour corollaires une augmentation significative des prix et une grave pénurie, l'anarchie ne tarderait guère. Par conséquent, nous devons commencer maintenant à faire des provisions, en prévision des jours difficiles qui pourraient survenir. Permettez-moi de le souligner ici : un serviteur de Dieu n'a rien à perdre, en stockant de la nourriture ; car cela nous permettra, si de pénibles conditions sont effectivement à craindre, d'être parés à toute éventualité comme Joseph l'était. Vous vous demandez ce qui se passera si, finalement, la crise n'a pas lieu ? La réponse est simple : nous utiliserons simplement ces conserves ultérieurement ou, mieux encore, nous en ferons don à des familles indigentes et ce à la gloire de Dieu.

Réflexions sur l'organisation

La plupart des Américains consomment actuellement beaucoup plus de nourriture que nécessaire. Par conséquent, en vue des temps difficiles, nous devons envisager de modifier nos habitudes, simultanément en quantité et quant au conditionnement. Les stocks de première nécessité devraient être composés d'aliments de longue conservation.

Il existe tout un éventail d'options – depuis les rations militaires, industriellement préemballées, jusqu'aux préparations déshydratées (auxquelles il suffit d'ajouter de l'eau). Le terme « conserves » ici inclut tous les modes de conservation : stérilisation (UHT : Ultra Haute Température) et emballage sous vide en métal, plastique, carton, etc. Chaque solution a ses avantages, mais la plus économique reste celle des boîtes de conserves classiques. Notre inventaire stipule des quantités à entreposer, en cas de crise, pour des personnes sachant ce que signifie la modération. Nous y ajouterons ces commentaires : exploitées avec économie, ces provisions doivent durer environ soixante jours.

Il n'est généralement pas recommandé d'emmagasiner viandes, lait et autres denrées périssables de consommation courante.

Les produits conseillés sont habituellement vendus dans des boites, bidons, bouteilles ou packs mentionnant une date limite – à savoir une durée de conservation mesurée en mois ou, dans certains cas, en années.

Les personnes astreintes à des régimes spéciaux doivent s'assurer que les pourcentages de sodium (sel), de glucides (sucre), de lipides (graisse ou cholestérol) ne risquent pas de compromettre leur santé.

Il faudra prêter une attention particulière aux dosage et mode d'emploi des liquides entrant dans la reconstitution des mets déshydratés.

Un choix personnel peut toujours s'opérer, à partir des groupes alimentaires suggérés en fonction des goûts et de la disponibilité des articles.

Outre les comestibles, on devrait avoir ces objets à portée de la main : récipients avec couvercles hermétiques, lampes électriques à piles et batteries, appareils ménagers fonctionnant manuellement.

Réserves de nourriture

Les proportions étant calculées pour une personne seule, il suffit de les doubler puis de les tripler pour deux, trois ou quatre. Au delà, multiplier par le nombre de convives :

Légumes : 24 boîtes de 400 grammes. Par exemple : maïs, carottes, pommes de terre, salsifis, épinards, cœurs d'artichauts ou de palmiers, tomates.

Potages : 20 boîtes ou sachets de 200 grammes.

Céréales : 10 paquets de 500 grammes. Par exemple : flocons d'avoine, corn-flakes, crème de blé, gruau – barres aromatisées de type « Granola », ou « Gerblé » etc.

Haricots et pois : 24 boîtes de 400 grammes. Par exemple : haricots verts et jaunes, pois gourmands, petits pois au naturel, petits pois à l'étuvée, lentilles.

Viandes : 15 boîtes de 500 grammes. Par exemple : saucisses, pâté de foie ou de campagne, poulet, jambon, *corned beef*, boulettes de viande, dinde.

Alternative à la viande : 4 paquets de 250 g de composition lyophilisée à base de poudre d'œuf (par exemple flans, parfums assortis) et 750 g de Nutella ou beurre de cacahuètes.

Poisson : 10 boîtes de 180/200 grammes. Par exemple : thon, sardines, harengs, saumon…

Fruits au naturel ou au sirop, assortis : 24 boîtes de 400 grammes. Par exemple : pommes, prunes, cerises, pêches, ananas, figues.

Assortiment de jus de fruits : 10 packs d'un demi-litre. Par exemple : orange, pomme, raisin, abricot, mangue.

Fruits cuits ou secs : 20 sachets de 500 grammes. Par exemple : mélange d'arachides salées ou sucrées, sauce à la canneberge, compote de pommes. Ainsi que 10 sachets de 100/150 grammes de fruits secs assortis. Par exemple : raisins de Corinthe ou de Smyrne, dattes, bananes.

Laitages : 50 packs ou bouteilles d'1/2 litre de lait de longue conservation (UHT), ou l'équivalent en lait concentré (sucré ou non) ou en boîtes de lait en poudre. Yaourts et/ou crèmes parfumés différemment. (NDLT : pour les personnes allergiques au lactose, idem, mais à partir de lait de soja).

Pâtes : 10 paquets d'une livre de pâtes assorties.

Riz : 5 boîtes d'un kg de riz classique, ou dix de 120 x 4 sachets (cuisson rapide).

Biscuits : 5 boîtes d'une livre, toutes sortes confondues.

Plats complets : 5 boîtes d'une livre (ou, éventuellement, 10 boîtes de 250/300 g). Par exemple : salades composées, quenelles, blanquette de veau ou de volaille ou poisson avec riz, ragoût d'agneau, bœuf bourguignon, raviolis, spaghettis et boulettes de viande, macaronis au fromage, gratins Parmentier, choucroute.

Suppléments : 5 paquets d'une livre de crêpes fourrées et 5 de cannellonis à farcir ainsi que 2 grandes boîtes de farce ; 5 paquets de 500 g de « mélanges » (exotique ou non) : fruits avec

graines, assortis comme noix, noisettes, amandes, etc.,
plus sésame, tournesol, cacahuètes, noix de cajou et de
pécan. Ainsi que des sandwiches (salés ou sucrés) tout
prêts, d'une durée de conservation d'au moins six mois à
un an.

En outre, autant d'ingrédients et d'assaisonnements que possible :
levure, bicarbonate de soude, sauces pour salade, mayonnaise, sel,
sucre, huile, vinaigre, jus de citron, moutarde, cornichons, oignons
blancs, poivres, thym, laurier, herbes aromatiques en poudre, bouillon
cubes, arômes et court-bouillon pour viandes et poissons, par-
mesan, fécule de maïs, germes de blé, gélatine en feuilles ou en
poudre, beurre, margarine, sirop d'érable, miel, confitures, crème
ou poudre de noix de coco et d'amandes, préparations concentrées
ou en poudre pour boissons froides et chaudes, conserves et croquettes
pour animaux de compagnie, allume-gaz de ville et de bonbonnes
mécaniques, allumettes imperméables à l'eau, serviettes en papier, film
plastique, papier d'aluminium, sacs scellables (zippés), ouvre-boîtes,
décapsuleur, tire-bouchons, batteries, radio, lampe torche, etc.
  Ne pas oublier de prendre des dispositions spéciales pour les
dentiers, lunettes et lentilles de contact, prothèses auditives, toutes
formes de prosthétique et d'orthopédie, etc.
  Et commencez à stocker dès maintenant – ne temporisez pas.

Conseils utiles

Adopter une attitude avisée :

• Tenir compte des dates limites d'utilisation, en fonction desquelles employer les conserves au fur et à mesure, afin d'en
prolonger au maximum la durée.

- Économiser dès maintenant l'eau des douches, toilettes, cuisine, etc.
- Apprendre à ménager les restes ; ne pas jeter ce qui est récupérable.
- Établir des menus pour tous les repas, à l'avance, afin d'éviter les pertes.

Envisager l'interruption des services publics

Une crise peut entraîner de coupures d'électricité et/ou de gaz, et donc l'impossibilité de cuisiner et de se chauffer. C'est pourquoi les plans de secours d'urgence sont importants. Garder à portée de la main des allumettes, des briquets, des bougies et des chandelles. Effectuer vos achats à intervalles réguliers, afin de consommer des aliments frais jusqu'à ce que les pannes ou la pénurie des denrées vous contraignent à puiser dans vos réserves.

Tant qu'il y a du courant, beaucoup d'aliments périssables peuvent être gardés plusieurs jours (à votre appréciation), dans un réfrigérateur fonctionnant au minimum.

Les surgelés sont utilisables (à votre appréciation) tant qu'ils restent « gelés à cœur ».

S'il neige dehors, ou si la température extérieure est inférieure à 4,5°C, quelques articles peuvent être discrètement entreposés sur un rebord de fenêtre, pour maintenir la fraîcheur.

Consommer en priorité les aliments frais et autres denrées périssables, y compris les conserves dont la date limite est la plus rapprochée.

Argent

Réduire d'ores et déjà les dépenses, et éviter toute nouvelle dette.

Mettre de côté entre 10 et 15 euros par semaine, en espèces et en lieu sûr. Il est extrêmement important de garder en main le plus d'argent comptant possible.

Règles générales

Il vaut toujours mieux consommer les produits frais (surtout de saison) quand ils sont disponibles et garder les conserves pour les périodes moins fastes… Beaucoup d'aliments préemballés sous vide doivent être consommés rapidement, après ouverture du sachet, pour éviter une intoxication alimentaire… Lorsqu'on manque d'espace, stocker les conserves sous un lit ou même dans la penderie… Tenir les boîtes de conserves à l'abri de la lumière et de la chaleur (y compris du soleil).

Ne jamais utiliser le contenu d'une boîte gonflée ou perforée, à cause du risque de botulisme.

L'ouverture fréquente des récipients peut altérer la qualité des aliments. S'ils sont en verre, ou transparents, vous pourrez juger de leur contenu d'un coup d'œil. Sinon, il est fortement recommandé de les étiqueter soigneusement.

Pour empêcher la prolifération d'insectes dans les farines, sucre, riz, pâtes, haricots secs, céréales, etc., ajouter quelques feuilles de laurier et les conserver dans des bocaux hermétiques : par exemple, une boîte avec son couvercle en plastique à l'abri de l'humidité.

Se renseigner sur la durée de conservation des aliments, et noter les dates de péremption sur tous les contenants utilisés pour les stocker (hors de leurs emballages d'origine).

Eau

Bien que ce ne soit pas une garantie, les experts ne pensent pas que l'on puisse manquer d'eau plus de trente jours. Afin de disposer d'assez d'eau – pour la boisson, la cuisine et l'hygiène pendant un mois – compter peut-être un peu moins de 100 litres.

User parcimonieusement de l'eau, pour l'hygiène personnelle (par exemple, seulement trois fois par semaine).

Préparer les repas en commun, afin d'économiser du temps, des combustibles et de l'eau.

Restreindre le nombre de casseroles à laver, en confectionnant des plats uniques comme des ragoûts, des potages enrichis, des fricassées, etc.

Réduire le volume de la vaisselle, en employant des ustensiles jetables.

Limiter la quantité d'eau utilisée, au cours de la lessive à la main, grâce aux lingettes imprégnées de crèmes et de lotions antibactériennes, surtout pour la toilette des bébés.

Hygiène

Ne pas lésiner sur les réserves de savon, dentifrice, déodorant, mouchoirs, articles d'hygiène féminine, couches-culottes pour bébés, sous-vêtements absorbants, lessives, détergents, désinfectants, désodorisants, javel, bassins de lit avec couvercles, etc.

Premiers soins

Si possible, obtenir une ordonnance médicale comportant des prescriptions suffisantes pour deux mois, ou avec mention de renouvellement.

Se procurer des vitamines et des minéraux (compléments alimentaires).

Acheter des fournitures et médicaments de première urgence comme des bandages, des antalgiques, antispasmodiques, antiseptiques, pansements gastriques, laxatifs, etc.

Cuisine pratique

Bâtir les menus autour de plats uniques à base de pâtes, de riz ou de pommes de terre.

Conserver les plats au chaud sur un bidon calorifère de type Sterno (NDLT : boîtes de faible encombrement contenant des cartouches de combustible liquide sous forme de gel : acétate d'éthanol et de calcium – dotées de 2 à 6 heures d'autonomie). Gérer votre budget combustible. Le carburant devra durer jusqu'au retour à la normale.

Il est plus économique de chauffer les boîtes de conserves directement dans une casserole d'eau. Mais alors ôter d'abord les étiquettes et surtout, avant l'ouverture, penser à perforer le couvercle pour laisser la vapeur s'échapper.

Veiller à ce que la pièce soit bien aérée, pour que l'humidité ne stagne pas.

Lorsqu'on utilise une source de chaleur, ne jamais laisser de vêtements ni d'objets ou de produits inflammables à proximité.

Puériculture et diététique

Au delà de six mois, les enfants – même en bas âge – peuvent partager l'alimentation familiale, si elle est préparée sans additifs mais en purée ou mixée. Il existe, bien sûr, des exceptions comme : terrines, pizza, pâtés en croûte, tartes, etc.

Ne pas assaisonner les aliments pour bébé ; ne pas y ajouter de sucre, sel, graisses, etc.

Ne pas nourrir les bébés d'aliments frits, gras, conservés dans du vinaigre ou de la saumure (choucroute), traités en salaison (saucisses) ou trop riches en calories (sucreries).

Éviter d'employer du miel, de crainte d'une contamination possible par les salmonelles.

Préférer les jus de fruits frais, ou en boîtes, aux boissons reconstituées à partir de concentrés ou de poudres. *Équivalences approximatives (selon marques) :* 12 boîtes de 200 grammes prêts à servir = 4 boîtes de 250 grammes concentrés = 8 boîtes de 400 grammes lyophilisés (en poudre).

Réserves de soixante jours de nourriture, pour un enfant âgé d'un an au moins

Céréales pour bébés, enrichies en fer : 2 boîtes de 400 grammes de riz, orge, blé ou avoine grillée.

Légumes : Soixante petits pots de purée de pomme de terres et de légumes mélangés.

Fruits : Soixante petits pots de poires, pêches, pommes, pruneaux, fraises, framboises, fruits mélangés.

Viandes et laitages : Soixante petits pots de dinde et riz, boeuf, veau, poulet et pâtes, jambon et légumes (auxquels il est possible d'ajouter des préparations à base de filets de poisson) ; quarante boîtes d'1/4 de litre de tout produit laitier de longue conservation, comme le lait UHT, ou l'équivalent sous forme concentrée ou en poudre.

NOTES D'ÉTUDES PERSONNELLES

Il m'a retiré, parce qu'il m'a pris en affection.
Psaume 18 : 20

NOTES D'ÉTUDES PERSONNELLES

Confie-toi en l'Éternel… prends la fidélité pour pâture.
Psaume 37 : 3

NOTES D'ÉTUDES PERSONNELLES

Quand les justes crient, l'Éternel entend,
et il les arrache à toutes leurs détresses.
Psaume 34 : 18

NOTES D'ÉTUDES PERSONNELLES

En Dieu je me confie, je ne crains rien.
Psaume 56 : 12

NOTES D'ÉTUDES PERSONNELLES

Invoque-moi… je te délivrerai.
Psaume 50 : 15

NOTES D'ÉTUDES PERSONNELLES

Il les a fait paître… et les a conduits.
Psaume 78 : 72

NOTES D'ÉTUDES PERSONNELLES

L'Éternel est pour moi, je ne crains rien.
Psaume 118 : 6

NOTES D'ÉTUDES PERSONNELLES

Que tes pensées, ô Dieu, me semblent impénétrables!
Psaume 139 : 17

NOTES D'ÉTUDES PERSONNELLES

L'Éternel garde tous ceux qui l'aiment.
Psaume 145 : 20

NOTES D'ÉTUDES PERSONNELLES

C'est vers toi, Éternel, Seigneur, que se tournent mes yeux…
en toi que je me réfugie.
Psaume 141 : 8

NOTES D'ÉTUDES PERSONNELLES

Heureux quiconque craint l'Éternel…
il te bénira de Sion… tous les jours de ta vie.
Psaume 128 : 1,4

NOTES D'ÉTUDES PERSONNELLES

L'Éternel ne délaisse pas son peuple.
Psaume 94 : 14

NOTES D'ÉTUDES PERSONNELLES

Il envoya sa parole et les guérit, il les délivra.
Psaume 107 : 20

TABLE DES MATIÈRES

Achevé d'imprimer sur rotative par l'Imprimerie Darantière à Dijon-Quetigny en avril 2006
N° d'impression : 26-0721 - Dépôt légal : janvier 2006

Imprimé en France